依据教育部《中小学生环境教育专题教育大纲》编写

国家环境保护模范城市推荐教材

环境教育 第二版

高中二年级（上）

环境保护部　组织编写

中国环境出版集团 · 北京

图书在版编目（CIP）数据

环境教育. 高二. 上 / 环境保护部编. — 2版. — 北京：中国环境出版集团，2015.3（2018.7重印）
ISBN 978-7-5111-2294-0

Ⅰ. ①环… Ⅱ. ①环… Ⅲ. ①环境教育－高中－教材 Ⅳ. ①G634.981

中国版本图书馆CIP数据核字（2015）第052860号

本册编委会

主　　任：潘　岳　　　副主任：陶德田　李　蕾
主　　编：王　民　　　副主编：蔚东英
编写人员：占凯伦　高举微

出 版 人　武德凯
责任编辑　葛　莉　董蓓蓓　郑中海
责任校对　扣志红
设计制作　杨曙荣

出版发行　中国环境出版集团
（100062 北京市东城区广渠门内大街16号）
网　　址：http://www.cesp.com.cn
电子邮箱：bjgl@cesp.com.cn
联系电话：010-67112765（编辑管理部）
010-67113412（第二分社）
发行热线：010-67125803 010-67113405（传真）
印　　刷　北京中科印刷有限公司
经　　销　各地新华书店
版　　次　2004年7月第1版，2015年7月第2版
印　　次　2018年7月第3次印刷
开　　本　787×1092 1/16
印　　张　4
字　　数　80千字
定　　价　9.80元

第二版前言

环境教育教材已使用十多年，收到了良好的教育效果。随着环境问题的日益复杂化，我国把环境保护提升到空前的高度。环境保护的新技术不断涌现、新政策法规相继出台，环境教育教材的内容开始显得已陈旧过时了，本版教材做了全面的修改。再版修订主要有以下三个方面：

（一）生态文明的理念贯穿整套教材。生态文明是人类社会文明发展的一个新阶段，即工业文明之后的文明形态，生态文明是以人与自然、人与人、人与社会和谐共生、良性循环、全面发展、持续繁荣为宗旨的社会形态。以生态文明为基本理念编写的新版教材更加符合现代社会发展的要求。

（二）以社会可持续的、和谐的发展为基本内容。本版教材保持“环境与生态、环境与文化、环境与科技、可持续生产与消费、绿色生活”五大板块，内容全面，不局限于环境本身，而是从社会的角度来讨论环境问题，具体就是从生态、文化、科技、生产与消费及生活等方面来分析。这也是国际环境教育发展的趋势，即从环境教育向可持续发展教育迈进；这种迈进，更加符合现代社会对环境教育的要求，更加有利于培养学生全面地、综合地、实事求是地看问题。

（三）立足于培养学生的社会责任感，强调培养学生从思考到行动的能力。一方面，本版教材选取了大量最新的社会现实案例、时事热点新闻、政策法规，让学生结合这些真实的材料进行思考、讨论，逐渐形成负责任的环境意识。另一方面，本版教材遵循价值观教育的方法，讲事实、摆材料，没有生硬的说教，这从教材的编写体例就可以看出。本版环境教育教材的栏目设有“预习探究”“参与与展示”“习得与领会”“思考与行动”，始终强调学生的参与，力求克服社会上在环境教育方面存在的知行脱节、能说不能干的问题。

希望第二版环境教育教材能为推进中国的生态文明建设、提高学生的环境意识做出努力。

王　民

2015年1月5日

目　录

第一课　人口增长与环境

1万年前，世界人口只有500万。农业社会时世界人口迅速增长，1500年达到了1.5亿。工业革命以后，人口增长更加迅速，只用了150年，人口就增加了1倍。1800年世界人口达到10亿，用了130年，人口数量又翻了一番。1960年世界人口达到30亿；1975年是40亿；1987年是50亿；1999年为60亿。如果按照这种速度发展下去，2050年的世界人口将超过百亿；2100年将达到140亿。这样，2330年整个地球表面，无论是陆地、海洋，还是沙漠，在每平方米的面积上就有一个人。你是否能想象此种情形？

预习探究

目标

- 通过图表、资料，了解我国的人口增长状况；
- 熟悉人口增长模式，并能够用人口增长模式解释人口变化的进程；
- 通过讨论，理解人口增长对环境的影响，增强环境意识；
- 培养读图能力和联系实际的能力。

（1）根据下图思考人口转变过程可划分成几个阶段，并说明你做出这种划分的理由。

（2）查阅资料，并参考英国人口学家布莱克提出的人口转变五个阶段模式，分析我国的人口增长出现下图所示过程的原因。

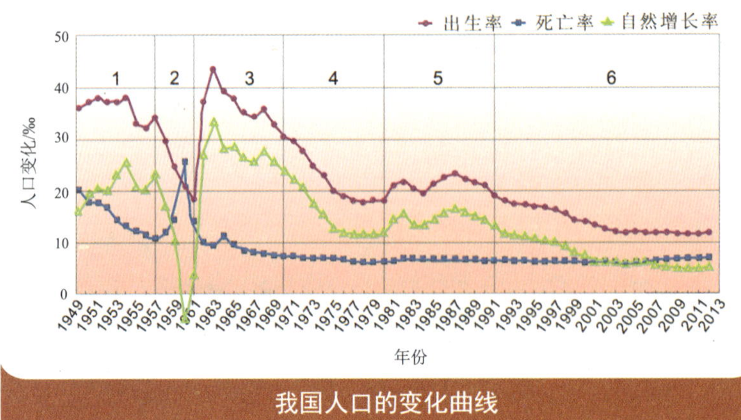

我国人口的变化曲线

参与与展示

活动一：阅读与思考

根据图表和资料回答下列问题：

（1）我国人口增长对环境产生了哪些影响？

（2）你认为中国人口增长会有怎样的前景？

（3）查找资料，讨论我国人口的增长速度一直保持较高水平的原因，想一想有什么措施可以解决这个问题。

资料1 中国从公元元年至2012年的人口变化曲线

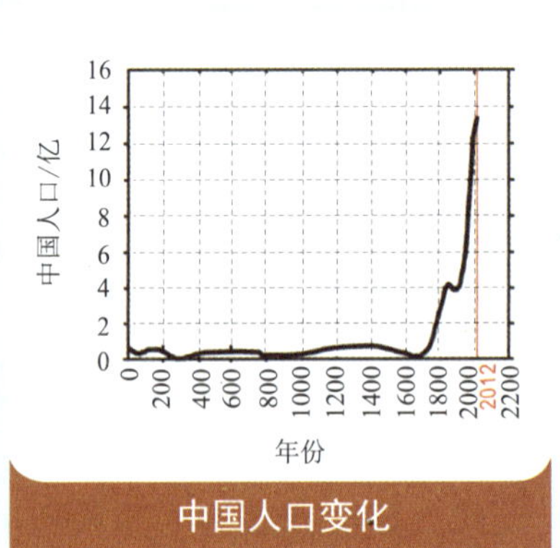

中国人口变化

资料2 中国人口增长的进程及生态环境变化

➤中国在先秦时期，约从公元前21世纪到公元前221年的漫长岁月中，人口增长十分缓慢，人口数量一直维持在1 000万～2 000万，地域分布广阔。那时人类的生产力水平极低，人口数量又少，对自然环境的影响很小，因而此时被称为中国历史中生态环境的“黄金时代”。

➤秦至西汉（公元前221年—公元23年），人类的生产力水平有了很大的提高，中国人口迅速发展，达到了5 900万，从而对环境的影响也大大加强，出现了中国历史上第一个环境恶化期。

➤东汉至隋朝（公元25—618年）是一段战火纷飞、动荡不安、灾难深重的岁月，人口剧减，数量降至4 000万～4 600万，成为环境的相对恢复期。

➤唐朝至元朝（公元618—1368年），中国社会相对稳定，生产力水平稳步提高，人口数量维持在5 800万～6 500万，再次进入环境恶化期。

➤明朝以后到新中国成立前（公元1368—1949年），虽然内乱不停，又添外患，但由于生产力水平得到了极大的提高，人口迅速膨胀，从清康熙到乾隆年间，人口就从1亿多急增至4.1亿多，截至1949年，中国人口已经达到5. 4亿，这给生态环境带来了沉重的负担，生态环境进一步恶化。

➤新中国成立（公元1949年）以后的中国社会进入了一个崭新的阶段，人口的发展大致可分为四个阶段：①第一个高峰阶段（1949—1957年），战后国民经济恢复，并进入“一五”计划期，人口出生率很高，死亡率明显下降，8年中平均每年净增1 311万人；②人口发展低谷期（1958—1961年），这段时期内由于一些政策失误，导致粮食产量下降，人民生活困苦，人口出生率骤减，死亡率回升，平均自然增长率仅为4.6‰，并在1960年出现了新中国历史上唯一一次负增长；③第二个高峰阶段（1962—1973年），1962年国民经济开始恢复，人民生活逐渐改善，此时人们对人口发展缺乏科学认识，更有“文化大革命”十年动乱人口失控造成的恶果，人口从6.7亿增至8.9亿；④人口发展下降期（1973年至今），计划生育国策开始坚决实行，我国人口的自然增长率开始下降，人口呈缓慢增长，2012年我国人口自然增长率已下降至 4.95‰。

活动二：案例回放

莱茵河受到巨大的污染看似多是工业发展的原因，想想看这和人口增长有没有关系呢？为了莱茵河水质的恢复，人们付出了哪些代价？

莱茵河的水质变化

案例

莱茵河全长1 320km，流经德国、法国、荷兰和卢森堡，是西欧的“大动脉”，其流域面积为19万km^2。随着工业革命的兴起，莱茵河上的人口迅速增长（19世纪的德国人口迅速增加到近2 400万，比18世纪增长1 000多万，现在已有8 000多万；18世纪的法国人口出生率高达37‰，1911年为3 960万人，目前有6 000多万人口；瑞士人口700多万；卢森堡人口7万多），局部地区人口密度达1 000人/km^2；20世纪60年代，流域内的工业蓬勃发展，尤其是法国的矿业和德国的化工业，使莱茵河受到了极其严重的污染，水生生物大量减少，大部分河段不能游泳，饮用水的供应也受到了威胁。20世纪70年代初，莱茵河上100多km的河段上水质处于完全无氧状态，莱茵河成为欧洲最脏的水体，被称为欧洲的“下水道”。之后，沿岸国家开始治理。到80年代，工厂排放的污水处理率由30%上升到80%，并禁止使用含磷洗涤剂，实行清洁生产，莱茵河的水质开始得到改善。到21世纪初，对莱茵河的治理已经投入了近千亿美元，经过沿岸国家的共同努力，莱茵河水质得到很大改善，水中的生物得到恢复，水面上又有各种水鸟飞翔。

莱茵河治理前

莱茵河治理后

习得与领会

一、人口增长对环境、社会、经济的影响

1. 适度人口增长能够促进人口与社会经济、资源、环境的协调发展

较合理的人口规模是刺激和扩大区域再生产的重要因素之一。能够增加有效需求，促进经济增长。

经济和社会的可持续发展需要一定数量和质量的适龄劳动人口，因此适度的人口总量及合理的人口结构可充分满足以上要求，即能

农民工进城给城市带来充足劳动力

够提供充足的劳动力，其中包括各种优秀人才。

提高经济和社会发展水平需要适度的人口增长。适度的人口增长有利于经济和社会的发展，而过高或过低都不利于发展。下表是我国两个时间段的人口增长与收入的对比。

年份	人口年均增长率／%	国民总收入年均增长率／%	人均收入年均增长率／%
1952—1978 年	2	5～6	3～4
1978—1993 年	1.5	9～10	7～8

2. 人口增长过快将对环境和经济的发展产生消极影响

人口持续增长，资源需求加大，不可再生资源不断减少，可再生资源也呈明显衰减趋势，将制约区域经济和社会的可持续发展。

人口数量长期持续增长，超出环境的自然承载力，导致生态环境遭到破坏。引起地区环境不同程度的恶化，并开始危及人类自身的生存和发展。

为满足人口的衣食住行、教育、人口素质、就业等需求，国家是要以部分经济成果为代价的。人口过快增长和数量过多，造成经济建设资金积累的困难，从而制约了经济发展的速度，影响综合国力的提高。对经济发展产生极大压力，从而抵消了经济发展的成就。

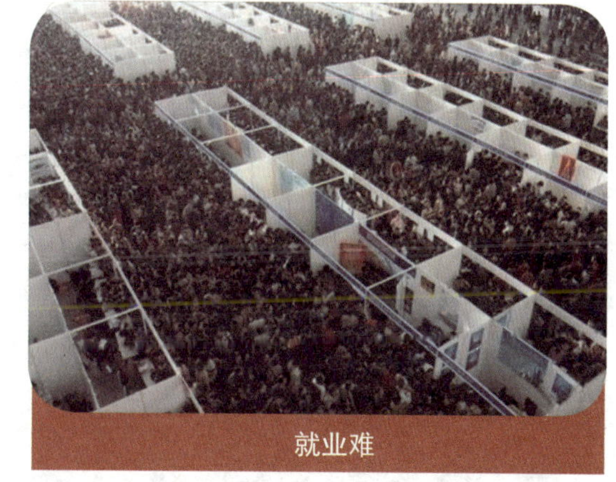
就业难

人口增长过快，对就业、教育、住房、交通、医疗卫生、社会治安等各方面都会造成很大压力，从而产生各种社会问题，并在一定程度上影响了中国人口素质的提高，进一步影响了社会的可持续发展。人口过快增长还是贫困地区难以脱贫的重要原因之一。

二、影响人口增长的主要因素

1. 自然环境与自然灾害

人类居住的自然环境条件能直接影响人口的增长。当环境适宜人类居住时，人口的死亡率会相对较低；当环境不适宜人类居住时，就会导致各种疾病的发生，死亡率增加，减缓人口增长。同时，自然灾害也是影响人口增长的重要因素，如水旱灾害、地震、台风等。

2. 经济因素

生产力水平对人口数量变动有着直接影响。生产力提高，相应地人类适应自然的能力就提高，从而导致出生率和死亡率的变化。此外，由于目前生育和培养子女的费用不断增加，经济条件也成为影响生育的重要因素。

3. 政治状况

地区的政局是否稳定，是否有战争、动乱，对人口数量都有着一定的影响。当政局稳定，社会生产稳步提高，人民安居乐业时，人口增长会相对较快；当政局不稳，尤其是战乱时期，人口的死亡率会大幅提高。同时，政府的人口政策也对人口增长有着重要的影响。

4. 医疗卫生

医疗卫生状况的提高，使一些导致死亡的疾病发病率降低，甚至使一些传染性疾病（如天花）绝迹，降低了人口的死亡率，延长了人的寿命，从而导致一些地区人口的自然增长率相对较高。

5. 文化教育

文化教育直接影响了人口的素质，改变了很多人的生育观念，减缓了人口增长的速度。另外，一般受学校教育时间越长，婚龄越晚，而且掌握和控制生育的科学方法也优于他人，从而缩短了有效生育期。

6. 婚姻、宗教、风俗等

婚姻关系的好坏，能够密切影响人口的出生率和死亡率。如：早婚可能导致早育和密育；婚姻美满可能会使人相对健康长寿。宗教对人口增长也有较大影响，如佛教、基督教、伊斯兰教等的理念都鼓励生育，反对节育。另外，风俗习惯对人口数量的变动也有一定影响。

思考与行动

如何看待生态环境与社会经济发展的关系？

近日，WWF（世界自然基金会）与中国—东盟环境保护合作中心联合发布《中国生态足迹与可持续消费研究报告》，用生态足迹作为工具衡量消费给中国带来的生态环境压力，以寻求解决之道。报告指出，随着经济快速发展，消费带来的资源环境挑战越来越大，中国消费模式不可持续，资源效率偏低；服务型消费增速缓慢，急需通过经济转型升级消费结构，建立可持续的消费体系。中国—东盟环境保护合作中心表示："通过对生态足迹和消费结构的分析，可以从一个新角度识别中国经济发展与生态承载力的关系，同时也为中国的生态文明建设提供新思路。"

20世纪70年代以来，全球进入生态超载状态，即人类每年对地球的需求都超过了地球的可再生能力。人类每年消耗的资源，地球需要1.5年时间来再生，也就是说我们正在消费1.5个地球。

总体上，我国消费造成的生态足迹呈现区域不均衡态势，上海、北京等特大城市及东部沿海省份已经处于生态超载状态，其生态系统无法满足消费活动需求，而经济相对落后的重要生态功能区也面临着经济增长的压力。

生态环境与社会经济发展之间的关系是怎样的？面对有限的自然资源与日益增长的消费需求之间的矛盾，我们应该怎么办？什么是生态消费观？生态消费观在我们生活实践中是如何体现的？试举例说明。

第二课　人口老龄化

当听到“百岁老人”的故事，我们都会由衷地感到高兴，当我们的爷爷奶奶健康长寿地生活时，我们更感到幸福和温暖……可是你是否曾想过，这些老人的比例达到一定程度时，也会成为一种社会问题。

国家统计局发布了第六次全国人口普查数据，截至2010年11月1日零时，中国总人口达1 339 724 852人，10年增加了7 390万。其中，60岁及以上人口占13.26%。据此测算，我国老年人口已接近1.78亿。中国“正在变老”这个问题再一次引发了人们对人口老龄化的担忧和关注。

预习探究

方法

（1）按照自愿原则，4~5人为一组，并推举出负责人、资料整理员和报告员。

目标

- 通过实际调查，了解身边的老龄人口情况；
- 增强对老龄人口的关注和关心，增强对老年人的了解与理解；
- 养成尊老敬老的品德，树立良好的情感、态度、价值观。

（2）各小组商讨制作“老年人信息表”，并调查填写。

内容

（1）“老年人信息表”主要包含的内容有：老年人的姓名、年龄、生日、喜爱的食物、喜爱的活动、有何种病痛……（可根据小组协商适当添加内容）。

（2）按信息表内容，小组成员对家中老年人（60岁以上）进行调查了解。

参与与展示

活动一：成果展示

展示预习探究中的成果，并讲一讲与老人之间有趣的故事。讨论以后生活中会如何对待老年人。

根据小组报告调查结果，讨论我们应该怎样对待身边的老年人。并将各小组数据进行统计，计算班内同学家中一共有多少位老人，和全班的人数进行比较，看看是否能反映出老龄化的迹象。

活动二：积木游戏，感受人口结构比例失衡

请同学们对下面的游戏进行讨论和评价，尤其谈一谈对维持积木不倒的感受。谈谈你如何理解人口老龄化问题。

目的：

通过简单的游戏，模拟人口金字塔，感受不合理的人口结构的不稳定性。

游戏准备：

老师提供6套积木（或木条），每套积木由5根以上长短不一的积木组成。推选6名同学，组成3个小组参与游戏。

游戏步骤：

（1）将每套积木由长到短编号（1、2、3……），并为每组发放两套积木。

（2）每组先由一位学生把一套积木码放为正三角形，方法如下：

把1号积木横放在桌子上，将2号积木横向码放在1号上，这样依次将较短的横放在较长的积木上，直到码放完成。

（3）每组由另一位同学先取下最上面的一根积木，然后再在最下面横向插入手中另一套积木的2号，同时组内其他同学保护已经码放好的部分，防止倒塌。

（4）依次按照上面的方法把最上面的一根积木取下，然后在最下面依次横向插入另一组的3、4……号积木。

（5）最后比一比哪个小组先完成短积木在下面、长积木在上面的倒三角形形状。

（6）假定：

①积木代表年龄段的人口比例数。

②由积木搭成的形状代表人口金字塔。

③同学们不断取下和插入新的积木，表示人口金字塔的不断变化。

活动三：案例思考

根据下述资料思考：

（1）谈一谈你对子女赡养父母的态度和看法。

（2）讨论对老年人是否应该提倡以家庭养老为主。

（3）小组讨论我国现今实行的养老制度，并提出合理化建议。

法律援助91岁老妇向子女索要赡养费

李某今年91岁，与其夫任某（已故）育有六子二女。老人早年在生产队以干农活为生，从1979年开始，村委会每月发给生活费29元，现为每月261元。老人的八个子女婚后均盖房另过，老人的日常生活主要由次子负责。起初子女们每月给3～5元生活补贴，之后改为每年春节不定额地给点。1994年起，老人的腿脚开始不太灵便，六个儿子便为其雇了一位保姆照料起居。1999年，次子因病去世，老人瘫痪在床，生活不能自理，便由其次女接回家中侍候，其余子女只在过年过节时带些东西来探望一下，但不再给任何费用。其中长子自1992年起，就不再探望老人，也不再给付生活费，并对外宣称断绝母子关系。李某子女虽多，但却不能就履行赡养义务达成一致意见，于是，老人想到了法律援助。

北京市法律援助中心受理了李某的申请，并指派北京市某律师事务所的两名律师负责承办此案。经过律师细致的调查取证，法院根据老人的实际需要及各子女的给付能力，最后判决：自2003年7月起，其长子及三子每人每月给付老人赡养费100元；其他子女每人每月给付老人赡养费120元；老人医药费凭单据由其子女均摊。自此，李某的生活终于有了保障。

习得与领会

一、世界人口老龄化现状与趋势

20世纪70年代后，开始了世界人口老龄化的进程。德国、意大利、瑞士、挪威等国家相继出现人口的零增长。到1987年，世界已有14个国家人口出现零增长，甚至少数国家出现负增长。可见发达国家的人口老龄化已是不可逆转的事实。

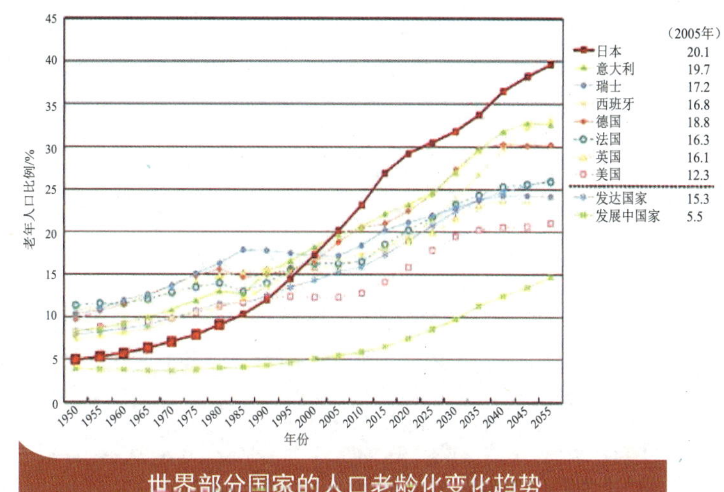

世界部分国家的人口老龄化变化趋势

20世纪七八十年代起，许多发展中国家开始进行人口控制，实施计划生育，人口出生率逐步下降。进入2000年，一些发展中国家也出现了人口老龄化趋势。

21世纪伊始，世界人口老龄化的趋势日渐明显。据联合国调查，预计到21世纪中叶，60岁以上的老龄人口总数将达到20亿，占总人口的22%。从上图可以看到，未来多数发达国家的老年人口占比将达到20%以上，其中有部分国家将超过30%。同时还可以看到，发达国家的人口老龄化比例将远远高于发展中国家。

二、中国人口老龄化现状与趋势

为了有效减缓我国的人口增长势头，我国实行了强制性计划生育政策，从而也导致人口老龄化问题的逐步逼近。中国的人口老龄化主要呈现出以下四个特点：

（1）中国的人口老龄化速度不断加快。统计显示，世界较早的人口老龄化国家，老龄人口比重从5%上升到7%一般需要40～100年的时间，而中国从1982年开始仅用了18年的时间，老龄人口比重即从4.9%上升到7%。另有统计表明，法国的老龄人口比重从7%上升到14%用了115年，瑞典为85年，美国为66年，英国为45年，而中国达到这一比例大约仅用了10年的时间。

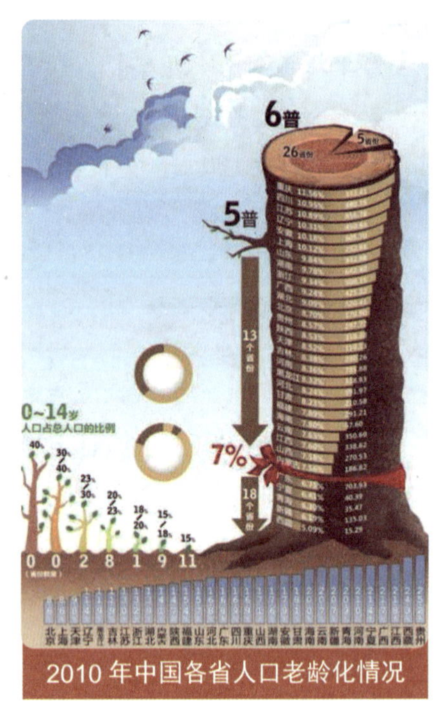

2010 年中国各省人口老龄化情况

（2）中国的人口老龄化进程与经济发展明显不同步。中国人口老龄化的成因与发达国家不同，发达国家的人口老龄化是经济发展和人口转变的结果，而中国的人口老龄化是由人口控制产生的。因此，大大超前于中国的经济发展水平。

（3）人口老龄化发展在时间上具有不规则性和累进性。新中国成立以来，中国经历了两次生育高峰，而后计划生育直接导致人口出生率急剧下降，使中国的人口老龄化过程缺少渐进性。人口高峰期出生的一代人处在劳动年龄时，人口的老龄化和老年人供养系数较低，但当他们进入老年阶段后，老龄人口急剧增多，新增人口数大大减少，导致抚养系数明显上涨。

（4）人口老龄化程度的地区差异逐渐缩小。据我国1990年第四次全国人口普查统计，上海、北京、天津等地人口老龄化进程较早，而西藏、新疆、海南等地的人口金字塔仍基本处于标准形态；而据2010年第六次人口普查统计，在“65岁及以上人数占比”一项中，达到10%的省份有6个，比2000年增加了5个，越过7%“红线”的省份已经达到了26个，比10年前过“红线”的省份多了13个，而低于7%“红线”的仅有5个省份。各地区差异明显减小。

中国 2010—2050 年人口老龄化趋势

（5）就国际比较而言，中国的人口老龄化问题十分突出。根据OECD（经济合作与发展组织）的人口发展预测，到2030年，中国65岁以上人口占比将超过日本，成为全球人口老龄化程度最高的国家。整体而言，在21世纪，中国的人口老龄化程度将一直维持在一个相对较高的水平。

三、人口老龄化引发的社会问题

（1）人既是生产者又是消费者，人口老龄化会影响社会结构变化，并对社会经济发展产生负面影响。

人口老龄化将严重影响人类的经济生活和经济发展：

① 导致社会总抚养比上升，社会要用更少的劳动力来抚养更多的人口。

② 劳动人口相对减少，导致劳动力供不应求。

③ 影响国家竞争力，甚至关系到民族存亡。如德国因老龄化问题，20世纪80年代就出现兵员不足的问题，不得不延长军人服役期限。

④ 影响社会的投资结构和消费结构。老龄人口收入相对较少，将使社会个人储蓄减少，使社会总投资量减少。此外，在消费结构上，老年人多倾向个人服务性需求，不能以此提高社会的有效需求。

（2）福利制度受到挑战。随着老龄人口的不断增加，国家的养老金、退休金和医疗保险等费用将急剧增长，从而动摇国家基础，使得现行的养老金制度必须做出相应的调整。

（3）社会资源分配和供给矛盾重重。人口老龄化将导致分配制度结构的变化，并可能影响未来一代的发展。对家庭而言，老年人比例的增高使家庭难以承担养老的重任；对企业而言，养老金将成为企业发展的负担；对社会而言，医疗保险、卫生设施、老龄退休金等福利的保障和投资会增多，从而使对生产部门和教育部门的投入相应地减少。

（4）引发新的老年贫困人口出现。一方面，没有受过良好教育或没有较高职业地位的老年人面临着社会地位下降带来的尊严压力和经济地位下降带来的生存压力；另一方面，老年人在晚年丧偶或独居的可能性随年龄增长不断增加，成为一个特殊的人群。

（5）可能重塑社会文化、社会秩序和代际关系。老年人口地位的下降可能会打乱传统社会运作的机制，引发年轻人与老年人之间的冲突与对抗。

四、我国应对人口老龄化的措施

（1）切实加大财政投入。加快养老事业发展，关键是要加大政府资金投入，各地政府都在努力争取加大对新建、改建和扩建养老服务设施的投入，建立养老服务补贴制度，推行政府购买服务。一些有条件的地区还建立了困难老人、高龄老人津贴制度。

（2）广泛动员社会参与。积极鼓励和支持社会力量参与兴办养老机构，完善、落实社会办养老机构的扶持优惠政策，特别是在建设用地、税收、用水、电信业务收费等方面的扶持优惠政策，积极推进民办公助和公建民营。

老人颐养院

（3）加强政策法规建设。加快《养老机构管理条例》的制定进程，尽快出台《养老服务机构基本规范》国家标准，将城市与农村、公办与民办、营利与非营利等各类各种所有制养老机构纳入调整规范的范围，完善养老机构的管理体制。

（4）建立社会化与专业化相结合的服务队伍。按照《养老护理员国家职业标准》开展资格证书培训，实行养老护理员持证上岗，设置养老服务社会工作岗位，提高养老服务队伍的专业化水平。同时通过倡议、发动、引导志愿活动和建立劳务储蓄等方式，动员各类人群参与社区为老人服务。

思考与行动

别让老人空“巢”又空“心”

老人经常挂在嘴边的一句话是：“年轻难，不叫难，老来难，难死人。”老来难啥？一难没有一个暖和窝，二难有病没钱治，三难没有一个解闷的伴。而当“常回家看看”被写入法律时，我们看到更多的是整个社会敬老孝亲文化氛围的稀薄。“留守老人”“空巢家庭”带来的社会问题，我们将长期面对。物质需要的满足替代不了情感所需，家庭的亲情和精神慰藉是老年人强烈渴求的。

作为现在的年轻人，未来的老年人，我们能为未来的自己做些什么？你觉得要解决这一社会问题，需要大家做些什么？试组织一次活动看望身边的老人或养老院的老人。

第三课　人口迁移

“流水不腐，户枢不蠹”。如同生命在于运动，人口的发展也离不开不断地迁移和流动。虽然对于人而言，迁移流动并非像出生、死亡那样必须经历，但对于大的人群或地区而言，人口的迁移流动几乎是每日每时都在进行的。而你，有没有想过到一种全新的环境中生活呢？

历史上我国发生过大规模的人口迁移，其中包括西晋永嘉之乱、唐代安史之乱、北宋靖康之难引起的三次大规模的人口南迁；清代至新中国成立之前的河北、山东一带前往东北的“闯关东”，河南一带前往新疆、甘肃的“走西口”；新中国成立后的大批技术人员、知识青年的援疆建设以及改革开放后的“民工潮”等。

预习探究

方法：

（1）按照自愿原则，5～6人为一组，并推举出负责人、信息整理员和报告员。

（2）集体制订、开展家族成员（3～4代，包括已逝者）迁移情况的调查计划。

（3）小组讨论调查结果，将数据分析与讨论结果撰写成调查报告。

目标

- 通过实际调查，了解家族人口的迁移状况；
- 初步了解影响人口迁移的因素；
- 培养调查及综合分析能力，增强合作意识和责任感。

内容：

（1）调查家族中每个人的出生地、迁移经历、迁移原因以及受教育程度。

（2）统计所有人的迁移原因，并根据原因分类，绘制迁移路线图。

（3）小组报告员向全班报告本小组成员的调查结果，并展示小组成员绘制的迁移路线图。通过结果了解过去几十年中影响人口迁移的因素。

参与与展示

活动一：抽卡片游戏

游戏准备：

老师提供10张以上空白卡片。按卡片数量将学生分组，每组得到一张卡片。再选出6名同学，1名作为记录整理，5名参与游戏。

游戏步骤：

（1）老师列出几个除游戏者自己家乡外的省或其他国家。

（2）在教师列出的国家、省、直辖市中选出一个，各组协调，所选地区不重复。

（3）每组在空白卡片上按照“参照卡片”的形式，介绍所选地方的相关信息（可适当查阅资料）。

参照卡片1——整体水平大致相同的省份

省份名称：山东
地理状况：山东省位于中国东部沿海、黄河下游，属暖温带半湿润气候，是中国沿海地区南北交通要冲。
经济：2011年，全省的国内生产总值454 292亿元，人均国内生产总值47 424元。
人民生活：2010年人均家庭收入为21 736.94元，居民消费水平为11 611元。城镇和农村人均居住面积为32.09 m²和34.71 m²。
文化教育：在普通高校、中等教育机构、小学教育质量上进行了不同程度的改革。2010年，共有本科院校133所、中学3 645所、小学12 405所。

参照卡片2——整体水平较高的国家

国家名称：加拿大
地理状况：位于北美洲北半部。东部为丘陵地带，南部地势平坦，多盆地。西部为科迪勒拉山区。北部为北极群岛，多丘陵低山。中部为平原区。加拿大是世界上湖泊最多的国家之一。
经济：工业、农业、高新科技产业均处于领先水平，交通便捷。
人民生活：连续七年被评为最适合人类居住的国家，政治稳定、福利完善、环境清洁、风景优美、物价低廉，人民生活富足，生活环境和谐、生活节奏轻松、生活方式悠闲。
文化教育：提供免费的中小学教育。高等教育可分为社区学院、大学及研究所，加拿大全境有88所大学及200多所社区学院。硕士课程要求学生具备相关学科的大学文化程度。

（4）教师将填写好的卡片收回，充分混合，将有内容的一面向下放置。

（5）记录员开始记录。老师依次请事先选出的5位同学抽出1张卡片（被抽到的卡片不要再重新放入），并让该名学生看清卡片上的基本信息。了解当地情况后，询问他如果条件允许，是否会想迁移到此处？如果选择迁移，尽可能多地说出迁移的理由；如果选择不迁移，尽可能多地说出要留在家乡的理由。

（6）记录员向全班报告，记录情况。

（7）全班讨论将同学们提到的各种理由按经济因素、政治因素、社会文化因素、生态环境因素等进行归纳整理。

（8）从人口迁移的影响因素对比分析，你的家乡相对于其他地区的优势和劣势各是什么？其中的主要影响因素是什么？

活动二：阅读资料并讨论

根据资料讨论：

（1）我国改革开放后人口迁移的主要趋势是什么？

（2）讨论影响农村人口流动的因素有哪些？并思考农村人口流动的影响。

新中国成立以来的中国农村人口流动

新中国成立以来，国家对待农民的政策大致经历了从“自由迁移”到“严格控制”、从“离土不离乡”到“离土又离乡”、从“消极应对”到“积极引导”三个大的制度变迁。清华大学国情研究中心主任胡鞍钢据此提出“红灯-黄灯-绿灯”的三阶段论：

➤ 红灯阶段：1958—1984年

改革开放前，限制农村人口进城的户籍制度安排，与开始推行计划经济有关。其中典型的是户口管制和粮食统购统销挂钩，与当时农业基础过于薄弱、农产品供给短缺有关，也与“以阶级斗争为纲”的指导思想有关，把每个人管得死死的，以防止“乱说乱动”。户籍制度改革进程缓慢很大程度上是因为决策者担心进城农民会成为城市负担。

➤ 黄灯阶段：1984—2000年

1984年10月，中国开始城市改革，但还是计划经济。中国普遍发展国有企业，包括深圳，当时也发展了很多国有企业。但这些国有企业农民工是进不去的。1988年，国有企业经常亏本，但乡镇企业发展起来了，广东的外资企业也有较大的发展，雇员都是农民工，这两批农民工开始影响国企改革。1991年，写着“水工全活”“木工全活”的小木板开始在马路边出现。农村剩余劳动力开始向城市流动，全国日均流动人口已达千万。1992年，总计有4 600万人到沿海打工，去实现那些刚开放地区的“七通一平”“三通一平”。1993—1994年，中国农民工增加到6 000万，1995—1996年达8 000万。

➤ 绿灯阶段：2000年以后

到90年代末、21世纪初，决策层顺应潮流，开始正面看待、积极引导农村人口流动的大潮。

2001年，政府提出“城市化加速”，制定专项规划。其中提出，除个别特大城市，其实就是指北京和上海外，其他城市都要改革就业制度和户籍制度。

2006年1月31日，国务院发出《关于解决农民工问题的若干意见》，要求逐步建立城乡统一的劳动力市场和公平竞争的就业制度，建立保障农民工合法权益的政策体系和执法监督机制，建立惠及农民工的城乡公共服务体制和制度。

2013年，全国农民工总量2.69亿，其中外出的农民工1.66亿；农民工月均收入是2 609元，农民外出务工收入已经占到农民人均收入的50%。党中央、国务院高度重视农民工工作，出台了一系列政策措施，推动农民工就业。

习得与领会

一、中国国内人口迁移变化过程

根据迁移规模，可将1954年以来的中国国内人口迁移进程划分为三个阶段。

1949 年以来我国国内人口迁移的主要流向

图片来源：人教版教材必修二，p9。

第一个阶段是1954—1962年。该时期内每年人口迁移率均在30‰以上、1960年更创下了年迁移人口3 300万、迁移率达50‰的最高纪录。产生这种巨大人口迁移的动力是：一方面，20世纪50年代国民经济发展迅速，国家组织了一系列大规模的人口迁移，典型的如1955年冬青海省设立“移民垦荒局”，翌年即从河南、山东、安徽等省迁入约7万人；另一方面，50年代的中国尚未对城市人口进行控制，户口管理相对宽松，故各地自发性人口迁移的规模也不小。进入60年代，受多种因素影响，中国经济形势急转直下，政府只得大规模精简职工队伍，将城市人口下放，另外不少地区食品极度匮乏导致大量人口非正常死亡，出现了人口迁移史中的一次大退潮。

第二个阶段是1963—1970年。该时期人口迁移率由前一阶段的30‰以上骤然跌落至仅略高于20‰，国内人口迁移规模显著缩小。此时期，广大农村经济萧条（1969年全国人均农业国民收入比1957年低12%），农民生活艰难，尽管户口管理趋严，向着边疆地区的自发性人口迁移仍相当活跃，仅流入黑龙江省的人口每年即达20万之多。

第三个阶段是1971年以后。除1979年等个别年份外，迁移率均在20‰以下，与20世纪60年代相比，人口迁移的规模又有所减小。70年代初，前一阶段的“遣返”“下放”“上山下乡”“三线建设”等人口迁移运动进入尾声，到1973年、1974年，全国迁移率降至极低。本阶段人口迁移的方向与前一阶段正好相反。这一时期，随着一系列改革开放政策的颁布，以及户籍管理方面的部分松动，务工经商等类型的人口迁移较为突出。据2010年的第六次人口普查统计数据，与第五次全国人口普查相比，居住地与户口登记地所在的乡镇街道不一致且离开户口登记地半年以上的人口增加116 995 327人，增长81.03%。

二、影响人口迁移的主要因素

人们从一个地方迁往另一个地方，既受特定环境的经济、社会和政治等一系列因素的影响，也受个人意愿的支配，同时还与迁入地和迁出地之间距离等因素有关。总之，人口迁移是各种因素共同作用的结果。

1. 经济因素

经济因素是主要的因素。在过去的几个世纪中，人口迁移大多是由经济因素造成的。人们追求更好的生活条件，于是，那些就业机会较多、经济收入较高的地方往往就成为人口迁入区。

2. 政治因素

政治因素能引起大规模的人口迁移，驱逐出境和流亡国外即属此类。国家政策，特别是国家人口迁移政策的实施，都会对人口迁移产生重要的影响。如新中国成立后大批技术人员、知识青年的援疆建设以及改革开放后的“民工潮”；战争也会引起人口迁移，如连年不断的“巴以战争”使许多巴勒斯坦人逃离家园，迁居国外或是成为国际难民。

3. 社会文化因素

在社会文化因素中，宗教、种族是造成人口迁移的重要因素。1947年的“印巴分治”，导致1 500万信奉伊斯兰教的穆斯林从印度迁往巴基斯坦。另外，文化教育事业的发展改变了人们的生活态度和生活期望，也改变了认识外部世界的态度，从而促进人口迁移；除此之外，外出求学对人口迁移也产生一定的影响。

4. 生态环境因素

自然界是人类赖以生存和发展的物质基础和环境条件。生态环境，包括气候、土壤、矿产等都会对人口迁移产生影响，尤其是灾难性的生态环境变化常会引起大规模的人口迁移。20世纪80年代，非洲撒哈拉地区的干旱也带来了大量的“环境难民”。

城乡人口迁移的影响因素

5. 其他因素

影响人口迁移除了经济、政治、社会文化和生态环境等因素外，人们的心理和生理因素对人口迁移也起一定作用。其中包括婚姻和家庭，婚姻主要是影响青年人口迁移，而家庭主要在未成年和老年人口的迁移中起重要的作用。此外，迁出地和迁入地的距离也是影响人口迁移的因素之一。

三、人口迁移的影响

人口迁移流动对于人口迁入地和迁出地的社会、经济、文化等领域有着广泛的影响，这些影响既有积极的，也有消极的。

对于人口迁出地来说，首先，有利于输出当地的剩余劳动力，缓解当地的人地矛盾，增加当地的居民收入。其次，有利于加强与外界在经济、文化、科技等方面的交流，促进当地社会经济的发展。最后，人口的大量迁出同时也会使迁出地的劳动力大量流失，使迁出地出现土地荒芜、设备闲置、生产滑坡，从而抑制其发展。

对于人口迁入地来说，首先，人口迁移为迁入地提供了大量的廉价劳动力，满足了当地对劳动力的需求，有利于当地的经济发展，同时，有利于迁入地第三产业的发展，从而改变迁入地的经济结构，为当地经济结构体制改革和发展作出贡献。其次，高素质人才在迁入地的集聚有利于大城市的发展，从而带动全国经济的发展。最后，人口过多的迁入也会为迁入地带来一系列的社会问题，人口大量涌入，增加了迁入地的交通、住房、就业和社会治安压力。

思考与行动

在大数据时代的“春运迁徙图”上，30多亿人次的奔行呈现一目了然的轨迹。一头连着北上广等大城市，一头连着无数个地级市、县城、村镇。他乡和故乡交织而成的时空中，正在上演着一部当代中国的“双城记”。而调查显示，春节过后，50.1%的受访者会去一线城市打工，30%的受访者会选择二三线城市，选择老家或者家乡附近县镇的受访者，仅占13.8%。

调查你家所在的社区或村庄居民的选择（一线城市、二三线城市、老家或附近县镇），他们为什么会做出这样的选择？他们是以一种什么样的心情面对自己所做的选择的？

第四课　传统文化的保护

我国传统文化在以黄河流域文化为主体、融合其他区域文化及外来文化发展的过程中，形成了好多次文化发展的高潮。我国传统文化的每一次自我裂变和新的综合，都是文化的一次大发展，几经裂变、几经综合都没有失去自身特征，始终向前发展。

京剧《望江亭》

我国的传统文明绵延不断，独立发展了五六千年，其具有强大的包容性，数千年的灿烂文化丰富了全世界的文明。

每个民族只有拥有自己的文化传统才可能称为一个民族，从而继续发展下去。因此，我们应该保护我们的传统文化，这样才能使我们的民族繁荣发展。此外，文化是人类社会对属于他们的那部分地域加以组织、利用和加工的结果，可被视为“环境的人文部分”。保护我们的传统文化也是我们进行环境保护的一个重要组成部分。

预习探究

目标

- 了解你的家乡有哪些传统文化；
- 通过查找资料，进一步了解你的家乡流传的传统文化故事；
- 通过调查，探究文化与环境的关系。

（1）下图为文化系统的框图，即服饰、饮食、建筑、语言、风俗习惯等等都是文化的内容。积极开动脑筋，列举出平时你知道的哪些事物属于你自己家乡的传统文化。

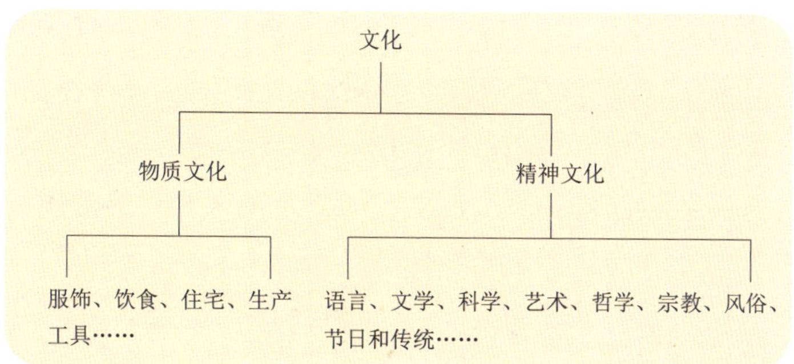

（2）将全班分成5组，参加课堂上的展示。让其各自从刚刚列举出的家乡传统文化中选出一个，注意互相协调，不要重复选择。

（3）各组根据自己的选择，对所选题目进行调查。调查的内容不限，可包括该事物的具体解释、由来、发展、体现方法等。

（4）各组对自己所查资料进行总结归纳，并着手准备2～3分钟的展示。

参与与展示

活动一：展示会

将“预习探究”中的调查结果向全班进行2～3分钟的展示，展示内容不限，描述、讲解、表演等形式皆可。

活动二：主题讨论——当汤圆“撞”上玫瑰

2014年元宵节前，街头巷尾都在议论着一个话题，19年不遇的一个“大日子”，元宵节与情人节邂逅在一天了。要说，这本是一桩妙事，中国传统佳节巧遇西方经典节日应当迸发出更多丰富多元的火花。可惜，关注一下网友对该话题讨论的内容，主题十分单一，均与情人节相关：玫瑰又涨价了；登记结婚的人数又激增了；商家又推出烛光晚餐了。传统文化元宵节的多元含义大多无人关注，仅剩下“中国情人节”一种。

汤圆与玫瑰

面对这种现象你有什么感想？为什么会出现这种现象？

活动三：角色扮演：当汤圆“撞”上玫瑰，陪家人还是陪佳人？

（1）根据自愿原则选出8名同学，分别扮演听证会主持人、民俗专家1、民俗专家2、商家1、商家2、群众1、群众2、群众3。

（2）主持人主持召开活动，并注意每个人发言之间的衔接，其他发言人的发言内容参考以下内容，并适当发挥。

（3）发言结束后，班上其他同学充当仲裁委员会成员，对发言作出评议，并发表最后意见。

发言内容：

民俗专家1： 在古代，元宵节是人们祈福圆满、全民同庆的日子。平时锁在深闺的女子，这天也能外出观花灯、闹元宵，甚至和意中人相会。从这个层面说，中国古代虽无情人节之说，但元宵节确是一个与爱情相关的节日，也留下了许多爱情佳话。因此元宵节巧遇情人节，更平添了几分浪漫和温情，两者是可以相互融合的。

民俗专家2： 中国传统节日有它鲜明的内涵和文化底蕴，而“洋节”也有其独特的魅力。洋节的流行是多元文化相互融合与交流的体现，必须尊重其代表的文化，但同时也要让传统文化在继承中创新。只有不断开掘传统文化的新内涵，寻找新载体，让更多的人了解节日的文化渊源，才能把传统节日的文化精髓传承下去。

商家1： 双节合一，给商场安排特色活动提出了新要求，会考虑怎么把西方的外放浪漫和东方的婉约含蓄结合起来，既能吸引更多情侣（陪佳人），又能吸引孝敬父母（陪家人）的人来店购买，可以说是一举两得。

陪家人还是陪佳人？

商家2： ……

群众1： 情人节一年才一次，自己还是希望能够利用这个机会好好向佳人表达心意。而且西方情人节和中国传统元宵节巧遇，这是很有意义的一个情人节，19年才一次，下一次要到2033年。所以，我计划在这一天向佳人求婚，当然要陪佳人享受这难得的二人世界。

群众2： 俗话说：百善孝为先。一年的时间都在外面打拼，也一直没有见到爸爸妈妈，正盼着过节期间要多陪陪父母呢。所以在元宵节这么重要的日子一定要回家陪父母吃汤圆，这才是为人子女应该做的。

群众3：其实还有两全其美的办法。情人节提前过，当天陪父母或是干脆接佳人一起回家过节。过节主要是图个喜庆，双方过得高兴是最关键的，如果能够同时让恋人和父母都高兴，那是最好不过的了。

群众4：……

习得与领会

其实，不光是传统节日，整个中华民族民间文化的生存环境如今都面临着经济全球化和现代化的挑战。一些西方发达国家凭借强大的综合国力、先进的科技和发达的文化传播手段，积极传播西方的价值观念和生活方式，对包括中国在内的发展中国家的民族民间传统文化生态造成了严重的冲击。很多民族民间文化的特色正在逐渐消失，文化的多样性和丰富性也受到严重威胁。

一、思想领域

中国传统思想主要包含儒家的仁、义、礼、智、信；道家的道德、无为、逍遥；墨家的兼爱、非攻、举贤、节俭；法家的君主集权、以法治国；等等。

弘扬传统美德，呼唤全民参与。近年来，随着社会的进步和经济的发展，中华传统美德，诸如“信”“仁”“忠”“廉”这些道德规范，在这个礼仪之邦的国家却得不到很好的尊崇，人文素养的提高也在“追名逐利”中被抛到脑后。“三聚氰胺事件”尘埃未落，“染色馒头”“回炉面包”“牛肉膏”又接踵而来……

面对社会上出现的种种问题，云南省省委宣传部、省文明办、省教育厅、共青团省委等单位联合举办了第二届中华传统美德讲坛，邀请了国内知名的专家和学者以“弘扬传统美德　铸就幸福人生”为主题集中宣讲，现场说法，言传身教，讲述了幸福从实践传统美德而来，感动了每一位观众。

二、文学领域

传统文学主要包括语言文字、古文、诗词曲赋、小说、对联、灯谜、酒令、歇后语、成语等。

中国汉字听写大会由中央电视台和国家语言文字工作委员会联合主办，邀请国内语言文化专家担任裁判和解说，央视著名播音员轮番担任读词主考官，从32支参赛代表队中，决出一名年度汉字听写冠军。随着电子技术的飞速发展，在“提笔忘字”现象越发严重的今天，该节目寓意唤醒更多的人对文字基本功的掌握和对汉字文化的学习。这不是一个秀场，呈现出的状态可能非常单纯、简朴，但可以吸引观众在电视机前同步参与，在游戏中学习知识、领略汉字之美，传承中国语言文字之美。

三、艺术领域

传统艺术包括琴棋书画、中国戏剧、传统音乐、民间工艺、传统建筑、中华武术、古玩器物等。

京剧作为中国传统戏剧的重要剧种，具有独特的社会功能、文化特质和艺术底蕴。尽管被誉为国粹，其社会关注度和传承发展较之其他剧种有一定优势，但时至今日，由于社会的发展、民众生活方式的改变、娱乐方式的多元化等诸多原因，京剧的传承和其他非物质文化遗产一样面临着青少年学习兴趣减弱、观众减少等现实问题。

京剧是“活在艺术家身上的艺术”，许多经典剧目随着艺术家的去世而消失。中国京剧艺术基金会怀着抢救京剧艺术的紧迫感，组织多个摄制组，奔赴北京、上海、天津、山东、江苏、宁夏等地，采访了70位老艺术家，并将录音、影像资料编辑制作成70部专题纪录片。2014年4月，中国京剧艺术基金会主办的《京剧艺术传承与保护工程——老艺术家谈戏说艺》，历经三年的采访录制，完成了第一阶段的工作，业已结集为大型音像出版物面世了。这为传承京剧艺术、探寻和梳理京剧艺术规律做了一件实事。

四、生活领域

在中华民族五千年的历史进程中，人们在生活中逐渐形成了拥有中华民族特色的生活习惯和生活方式。中国传统文化在生活领域主要涉及中国传统节日、民族服饰、饮食厨艺、民风民俗、中医等。

《舌尖上的中国》是一部美食类纪录片，主要内容为中国各地美食生态。通过中华美食的多个侧面，来展现食物给中国人生活带来的仪式、伦理等方面的文化；见识中国特色食材以及与食物相关、构成中国美食特有气质的一系列元素；了解中华饮食文化的精致和源远流长。

一张张餐桌见证生命的诞生、成长、相聚、别离，通过美食，人们可以“有滋有味”地认知古老的东方国度。

它不是空洞地宣传饮食文化的博大精深，而是直面平常百姓的生活，通过展现美食背后的制作工艺和生产流程，将吃回归到家庭和亲情，让观众既眼馋又长知识，还能引发情感共鸣、和对生活的热爱。除了亲情，观众还感动于劳动者的恩赐。此外，全片恰到好处地引用了传说、演义，融入了文化传承的东西，通过味道营造出了一个个真实的故事。

在全球化浪潮中，保护各民族的传统文化对维护世界文化的多样性具有十分重要的意义。世界上任何民族，如果抛弃其民族文化传统，没有任何特色，则都会在世界民族之林失去地位，同时也会在国际政治中失去影响力。不过，保护传统文化，并不是原封不动地予以继承和保留。保护与创新应相辅相成，创新的目的是更好地保护。一个民族的传统文化如果不加以创新和变革，就没有生命力，也就无法与当代社会相适应。创新的目的是使传统文化恢复活力，使之成为与当代社会相适应的文明，并使之生生不息、世代绵延。

思考与行动

几年前，9 999元的天价粽子曾饱受诟病。除了天价粽子，还有天价茶叶、天价毛笔、天价温泉，一饼普洱老茶卖到几十万元，因为是“能喝的古董”；泡个温泉得花几万元，因为这是某皇帝曾经沐浴过的地方。许多平常事一搭上传统文化的边儿，立刻身价倍增。以传统文化保护之名行吸金之实，对传统文化符号的过度消费也是屡屡发生的事实。

一枚粽子 9 999 元

是否认同这些现象的存在？为什么？你身边是否发生过类似现象？你会怎么做？

模块三　环境与科技

第五课　资源与人口

人口与资源的关系是相互依存的。人口离不开多种资源，反过来资源的供应又有赖于人类社会对资源的用途和价值的认识以及人类开发资源的技术水平。

在人类出现伊始，地球的自然资源是很丰富的。随着人口数量的不断增加，自然资源开始逐渐减少。工业革命以后，人口数量急剧增加，自然资源开始急剧减少，人口与资源的矛盾日益突出。

预习探究

方法：

（1）按照自愿原则，6～7人为一组，并推举出各组的负责人、资料整理员、制图员和发言人。

（2）每组自选一个国家或我国某一地区，所选地区范围没有硬性规定，由小组成员协商和征得教师意见，最后决定。

（3）借助互联网、相关教材、书籍等，针对所选地区进行资料查阅，为下一步活动准备素材，并将收集到的资料和数据进行整理和提炼。

目标

- 通过查阅资料，了解“资源”的概念，并初步了解资源与人口的关系；
- 通过讨论，分析地区的资源拥有情况，进一步认识资源在地域上的分布不均；
- 在查阅资料、小组讨论的过程中培养团队合作意识和探究意识，培养解决问题的能力和保护资源环境的意识。

内容：

（1）所选地区中各子区域（如可以选择部分地市一级行政区作为子区）的主要资源（如水资源、矿产资源、土地资源……）或一些能够促进地区经济新发展的资源（如旅游资源、人力资源、新能源……）的状况。应注意主要针对你所认为能够影响地区发展的重要资源或可以给地区发展带来新契机的一种或几种资源进行收集，不宜涉及过多。

（2）搜集所选地区中各子地区的人口信息。

（3）了解资源开发利用与人类发展之间的关系。

（4）了解资源状况对地区经济发展的积极或消极作用。

参与与展示

活动一：绘制地区资源图

参考以下资料，进行资料收集。并按下面要求绘制地区资源图。

（1）按照小组事先选定的地区，教师发放该地区空白地图。

（2）学生可以用柱状图、线状图、饼状图、玫瑰图等多种形式，将事先整理好的数据资料表达在地图的相应区域内。

（3）经过小组讨论，设计地区间的资源调配关系，并在图中表达出来。

（4）小组讨论，总结各子地区的资源利用优势与当地人口的相互关系，以及子地区资源与经济发展、人民生活的相互关系和作用。

（5）向全班展示资源图，报告人说明图中内容及对地区发展的意见、建议。

（6）各小组可以根据具体情况自由发挥，争取制作出体现个性的资源地图。

提高新能源的比例，减少对地球的“伤害”

新能源是全世界能源发展的一个重要内容。在20世纪的100年里，全世界消耗石、天然气2 460亿t，消耗煤炭1 420亿t，使用钢材380亿t、铝7.6亿t、铜4.8亿t。而21世纪，世界财富总量会比20世纪高出3～4倍，如果我们还以这种方式利用能源和资源，则需要3～4个地球才能满足。到2020年，新能源要争取占到能源总消耗量的15%，即大约为2 400万t标准煤，现在，这个数字在30亿t以上。因此，发展新能源，特别是提升新能源在整个能源中所占的比例，将是减少过度开发能源，特别是减少对气候变化不利影响的必由之路。

生物质发电

截至目前，吉林省共有9家生物质电厂，装机容量24.1万kW。2014年第一季度发电量突破3亿kW·h，相当于节约标煤22.5万t，减少二氧化碳排放量29.3万t左右。据了解，吉林省生物质资源十分丰富，年可收集秸秆、稻壳、林业剩余物、畜禽粪便、城乡生活垃圾等资源9 400多万t。其中，玉米秸秆3 000多万t，70%集中在长春、四平、松原地区，资源密度为10.87 t/hm^2，位居全国第一。

福建东山风力发电

云南戈兰滩水电站

福建电网新能源并网装机容量达281.8万kW，其中，风电146.4万kW、核电108.9万kW、光伏发电3.77万kW、生物质能等22.73万kW。福建省新能源并网装机容量从2010年的68.79万kW，增长到现在的281.8万kW，是福建电网历史上发展最快的时期。福建水能资源开发目前已接近饱和，而沿海的风能资源仍十分丰富。

云南电网清洁能源装机约占75%，预计到2015年，云南发电总装机规模将达到8 826万kW，其中水电6 462万kW，水电所占比例将超过73%。云南是水电资源大省，金沙江、澜沧江、怒江三大流域干流可开发装机容量达8 254万kW，年发电量4 031亿kW·h，拥有25万kW以上的可开发大型水电站站点35处，澜沧江流域上相继建成漫湾、小湾、景洪、糯扎渡等一批百万千瓦级大型电站。云南的电源建设将真正进入“绿色水电时代”，云南将成为国家西电东送清洁能源基地、新能源示范基地。

活动二：思考与讨论

思考 北京水资源为什么会短缺？请简单阐述其原因；北京水资源短缺对人们日常生活会产生怎样的影响？对人们资源观又有何影响？

目前，北京年均用水总量远低于人均500m^3的“极度缺水标准”，北京的供水能力已经到达极限。自2014年4月初开始，水价听证就成为大家议论的话题，从5月1日起，本市居民水价、非居民水价和特殊行业水价将同时进行调整。居民实施阶梯水价，三档水价分别为每立方米5元、7元和9元，最低档居民水价上调1元。

作为水资源极度短缺的特大型城市，伴随着人口和经济的持续“双增长”，北京所面临的水资源危机将更加严重，水资源问题已经严重制约了首都经济社会的持续发展。从这一点看，此次以价格杠杆为主导的水价调整行动意义非凡，对于北京而言，它必将对于合理调度水资源、提高水资源利用效率、鼓励节水生活、缓解供需矛盾等各个方面都起到主要作用。显然，既要开源，更要节流，两措并举，是解决北京水资源困局的明朗方向。

习得与领会

一、人类生存的支持保障系统——资源

1.人类依赖于自然环境

自然资源是维持国民经济持续发展的物质基础，是关系到国计民生的重要资源，能够带来巨大的社会效益、经济效益和环境效益。

2.人类的经济活动是一种通过开发自然满足人类物质和文化需求的活动

经济系统对资源和环境具有积极、能动的作用，资源环境对经济具有最基本的后发影响，有时甚至起决定性的作用。人口不断增长和各种需求使经济、资源与环境三者紧密地联系在一起，使自然资源和环境深深地打上了人类经济和社会活动的“烙印”。它们不仅遵循自然规律进行着自然演变和自然再生产，而且在社会规律的作用下进行着社会再生产和社会历史的演变。因此，今天的资源与环境并非是自然的，而

是自然历史的复合体。

3. 人类发展阶段的不同需求

人类发展的初级阶段，资源、环境与经济都处在相对协调的状态，生态系统按自身规律进行着良性循环，资源、环境有序地进化着，环境质量因受自然生态的主导作用而处在较高水平。

随着社会生产力的发展，人口增长对经济需求增大，加大了资源开发的速度和广度。20世纪70年代以来的三次“石油危机”为世界经济系统敲响警钟。按现在的消耗速度，21世纪中叶，石油、天然气将趋于枯竭。

当工业化过程结束，人类社会将进入高度现代化，人们为追求资源效益、环境效益、经济效益和社会效益的统一，将加强资源保护和环境治理的力度，从而促进生态系统的良性循环，提高生态质量与环境质量，人类将逐渐迈向社会的可持续发展。

二、中国人口增长带来的资源问题

幅员辽阔的中国曾为人们在自然灾祸来临时提供较大的回旋余地。但随着人口不断增长，中国已成为一个资源紧缺的国家，并引发了许多资源问题。

1. 耕地被占，土地退化，土地资源十分紧缺

人口迅速增长导致人均土地占有量明显减少，2008年与1950年相比人均土地占有量由1.8 hm^2下降到0.917 hm^2。人口增多需要更多的地方居住和更发达的经济支持，导致大量耕地被建筑、工业占用。另外，人们对各类资源的索取大幅增加，致使土地荒漠化严重。

耕地被用作房地产建设用地

2. 水资源稀缺，水质污染严重

中国2010年的人均水资源量为2 310.4 m^3，仅占世界人均水平的1/4，另外，中国水资源南北、东西分布不均，更降低了可利用性。南方水资源较丰富，还常出现水涝灾害，而北方水资源极为匮乏，常会出现旱情。城市的居民用水和工业用水也严重不足。人口过度增长，人口素质又相对不高，水质污染情况很严重，进一步加深了水资源短

贵州地区修建的第一个水窖

缺的现状。

3. 环境污染严重

不合理的燃料燃烧结构和各种工业废气带来的空气污染，工业固体废物和城市生活带来的垃圾污染，既使生态环境恶化，也造成资源的极大浪费。

垃圾山紧挨着城区

4. 森林资源减少和水土流失严重

我国森林覆盖率约为21.63%，位于世界的115位，人均森林面积仅为世界人均水平的1/4。而且近年来乱砍滥伐行为仍不能令行禁止。中国水土流失面积达356万km²，占土地面积的37%，年均土壤流失总量高达45亿t，既降低了土壤的肥力，也淤塞了河流湖泊。

5. 人口众多与资源短缺将是一个长期问题

中国近年来自然灾害频繁，水利失修且农田基础设施薄弱导致农业抗灾能力减弱，都预示中国的环境承载力日趋达到极限。

思考与行动

毫不动摇地坚守耕地保护红线

1996年《中国的粮食问题》白皮书中明确提出粮食自给率不低于95%的目标，而在2006年，18亿亩耕地红线写进了“十一五”规划，首次出现在官方公开文件中。18亿亩耕地红线目标是综合应用了人口、土地、农业、经济、环境等多学科研究成果，在科学分析测算基础上确定的。

10多年来，我们严格土地用途管制，加强耕地保护管理，取得了积极成效，但耕地保护形势依然严峻。尽管于2013年12月30日公布的第二次全国土地调查显示耕地面积增加了2亿亩，但适宜稳定利用的耕地也还是那么多，粮食生产的实有耕地面积并未增加，耕地占补平衡难度加大，绝不能仅凭耕地数量增加就盲目乐观，耕地保护这根弦必须始终绷紧。毫不动摇地坚持严格的耕地保护制度和节约用地制度。

同时还要看到，经过改革开放30多年来的持续快速发展，我国城乡土地开发强度总体偏高，建设用地存量大、利用效率低，划定永久基本农田、严控建设占用耕地不仅十分必要，也已具备条件。

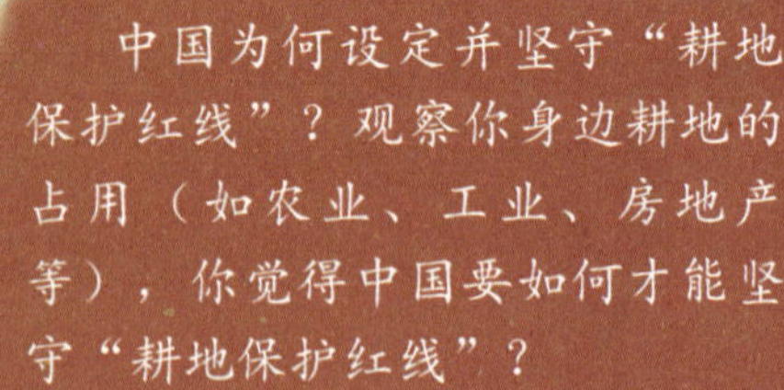

划定生态红线　保护重点对象

2014年5月12日，北京市人民政府办公厅公布《2014年北京市社会主义新农村建设重点工作分工方案》，方案提出，到2014年12月底，要划定耕地、森林、林地、绿地、河湖水系、湿地、物种等生态保护红线，划定饮用水水源保护区以及南水北调工程管理和保护范围，同时建立耕地保护责任落实和补偿制度，实施区县跨界断面水质生态补偿。

十八届三中全会第一次将划定生态红线明确列入全会文件中，4月通过审议列入新《中华人民共和国环境保护法》中，首次将划定生态保护红线写入法律，明确了国家在重点生态功能区、生态环境敏感区和脆弱区等区域划定生态保护红线。

生态红线即在提升生态功能、改善环境质量、促进资源高效利用等方面必须严格保护的最小空间范围与最高或最低数量限值，包括环境质量安全底线和自然资源利用上限等，其中民众普遍理解的生态红线即生态保护红线，即划定必须受到保护的耕地、森林、绿地等生态环境的红线。

中国为何要划定“生态保护红线”？观察你身边的生态环境（如耕地、森林、河湖、湿地等），提出你对划定“生态保护红线”的建议。你觉得你能为落实“生态保护红线”做些什么呢？

第六课　控制人口

人类作为生态系统中的高级动物成员，并没有按照其他生物的繁衍那样呈几何级数生育规律无止境的增延，人类在认识自然与改造自然的同时，已经认识到，只有调节和控制自身“种的繁衍”，才能使人类与自然和谐共处，实现可持续发展。

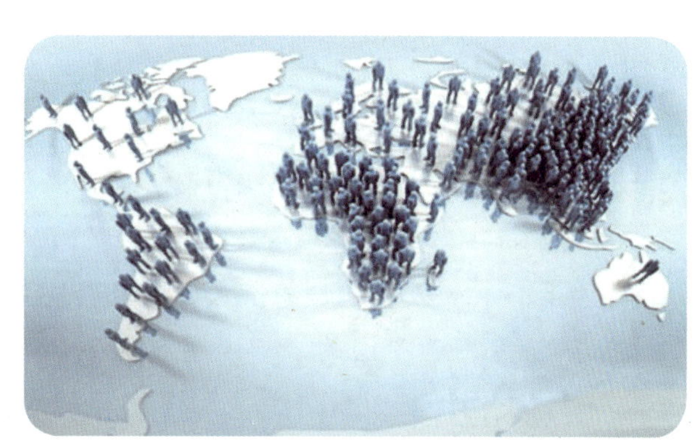

目标

- 通过分析，了解我国人口发展目标的变化；
- 通过研讨，了解我国人口规模发展目标的定位依据，以及人口规模、结构与素质的相互关系；
- 了解我国在实现人口规模发展目标过程中采取的人口政策；
- 在查阅资料和研讨过程中，培养表达能力和探究意识以及社会责任感。

预习探究

（1）组织一次研讨会，依据主题——中国究竟多少人合适？每人根据提供的材料，搜集相关资料，分析、总结信息。

（2）每人在会上发表自己的观点，进行研究和讨论。

（3）教师总结学生观点。

参与与展示

活动一：成果展示

每人依据提供的材料以及搜集的资料，分析总结我国究竟多少人合适。通过开展研讨会，在会上各人积极展示自己的成果，发表自己的看法，可以针对不同的观点进行讨论和反驳。

中国究竟多少人合适？

中国究竟多少人合适？这是一个持续了一个多世纪的热门话题。尽管很多人都认为中国人满为患，但是第一次明确提出并论证“中国究竟应该有多少人”这个人口数量发展目标的是20世纪50年代发表的《8亿人口是我国最适宜的人口数量》，这成为中国适度人口研究的开山之作。20世纪80年代，当中国人口已经逼近10亿时，我国的一些自然科学家从食品、水资源等资源约束条件出发，得出中国适度人口应不超过7亿的结论。90年代，又有人从最大可能的粮食生产能力出发，预测中国最大人口容量为15.1亿或16.6亿。

研究认为，若中国的人口峰值能控制在16亿～18亿，则不同时期中国适度人口目标定位为：2000年总人口下限为12.5亿，上限为12.7亿（实际为12.95亿）；2020年总人口下限为13.8亿，上限为14.6亿；2050年总人口下限为13.1亿，上限为15.1亿；2100年总人口下限为10.2亿，上限为14.4亿。而未来中国总人口峰值约为14.2亿人，在2027年左右达到峰值。有学者指出从2000年至2030年前后，中国进入最狭窄环境通道。对于未来中国人口的发展，有的专家提出如下目标：100年后力争人口降到8亿，200年后降到3亿，无论如何不高于5亿。也有学者指出，中国的人口不能以单纯追求减少人口数量为目标，而在二胎生育政策上统一人口数量与结构、提高人口素质才应成为我们追求的目标。

活动二：阅读与讨论

下述材料说明婚育观念的改变给我们带来了什么？除此之外，还产生了哪些影响？结合生活实际，发表你的观点，并进行讨论。

婚育观变化带来什么

太原市作为区域中心城市，经过30年不懈努力，人口发展状况基本适应了国民经济、社会发展的需要。太原市计划生育协会利用近3个月的时间，就两代独生子女家庭状况做了一次专题调查。

片段一

在调查的13 756个第一代独生子女家庭中，认为“只生一个好”的家庭有

9 643个，占被调查总数的70.10%。在调查的8 718个第二代独生子女家庭中，尽管按政策规定他们可以生育两个孩子，但有5 986个家庭仍选择“只生育一个”，占被调查总数的68.66%。

片段二

调查显示，第一代独生子女家庭中，夫妻双方月收入人均为1 000～3 000元的有6 321个家庭，占被调查总数的47.54%；夫妻双方月收入人均为3 000元以上的有175个家庭，占被调查总数的1.31%，两项合计占被调查总数的48.85%。第二代独生子女家庭中，夫妻双方月收入人均为1 000～3 000元的家庭有3 617个，占被调查总数的41.53%；夫妻双方月收入人均为3 000元以上的家庭有191个，占被调查家庭总数的2.19%，两项合计占被调查总数的43.72%。

片段三

据统计，2010年，太原市60周岁以上老年人口的比重超过11%。目前，家庭老人的需求大都体现在日常问候、逢年过节回家探望、看病陪侍等方面，分别占到被调查总数的55.71%、51.21%、43.81%。需要经济资助的仅占被调查总数的28.13%。随着时间的推移，这些家庭对子女的尽孝需求将会发生结构性变化，即一对年轻独生子女夫妇将照料双方父母4人乃至祖父母辈6～8人。

习得与领会

一、我国实行计划生育政策的原因

计划生育是一个很复杂的问题。我国和发达国家的差距为什么这样大？一个很重要的原因，就是我国有沉重的人口负担。我们的国土面积和美国差不多，美国只养活3亿人，我们却要养活13.5亿人，我们的生活水平能赶上美国么？美国人住别墅，我们只能住火柴盒式的楼房，美国人可以到世界各地去旅游，我们只能去一趟东南亚，还不是每个中国人都能去的。我国政府能解决13亿人口的吃饭问题，已经很了不起了。从20世纪50—70年代，中国人口平均几年就增长1个亿，面对人口的快速增长，人们曾经欢欣鼓舞，比经济增长还大快人心。现在，我们都在品尝这个大苦果。

我国到20世纪70年代后期开始重视计划生育，并在1979年提出一对夫妻只生一个孩子，这是我们的基本国策，是关系到我们民族生死存亡的大事，可很多人认识不到计划生育的重要性，他们千方百计地想多生孩子，中国人为什么老想多要孩子呢？一部分人是受“多子多福”“要个男孩儿，好传宗接代”等传统观念的影响，还有很多人，特别是农民认为男孩儿能干活。在实行计划生育过程中我们制定了严厉的措施，美国就因为中国在计划生育上的一些做法，攻击我们不讲人道，说中国人没有人权，邓小平曾对美国人说，那可不可以让更多的中国人移民到美国去？美国人马上摇头。

计划生育宣传语

二、我国人口控制政策的历史进程

1. 第一阶段：计划生育政策的提出

20世纪70年代初，我国人口规模的问题开始明显化，并对社会经济发展带来巨大压力。

1973—1979年是我国实行人口控制的第一阶段，主要进行人口数量的控制，提出了“晚、稀、少”的计划生育政策：“晚”是指男25周岁、女23周岁或之后结婚；“稀”指两胎之间要隔4年左右；“少”指只生两个孩子，并提出“最好一个，最多两个”的生育目标。

1978年，《中华人民共和国宪法》明确了“国家提倡和鼓励计划生育”的人口政策。

2. 第二阶段：1979—1984年

这一阶段施行的是较严格的一胎化政策，只有一些特殊情况允许生两胎。

由于我国在20世纪70年代的人口控制工作取得了很大的成绩，人口自然增长率快速增长的势头被遏制，有些地方由于急于求成，生育率指标也出现了一定的反弹。

计划生育标志

3. 第三阶段：1984—1990年

本阶段内，人口控制工作考虑到广大农民和少数民族的切身利益以及人口控制工作的长期效果，采取了较为宽松的政策。

主要内容是：①提倡晚婚和晚育。②提倡少生优生。③提倡一对夫妻只生育一个孩子，照顾到农村中某些群众的实际困难，允许间隔几年后生第二个孩子。④少数民族可根据自己的意愿实行计划生育政策。⑤由于地区发展不平衡和城乡差异，人口控制政策照顾到了地区差别。

4. 第四阶段：1990—2000年

20世纪90年代上半期是中国计划生育工作稳定发展期，此阶段出台了一系列法律法规以保障人口政策实施。

1994年，联合国人口与发展大会促使中国开始把计划生育工作向积极的生殖健康工作转变，重视生育年龄、生育间隔和生育次数、妇幼健康及防御性病和艾滋病等方面的工作。

《中华人民共和国人口与计划生育法》封面

此阶段的人口政策目标是，严格控制人口增长，提高人口素质。具体目标是：①要求2000年全国人口总数控制在13亿内，2010年把全国人口总数控制在14亿内，到21世纪中叶，全国人口接近16亿后，不再增长。②搞好优生优育，提高人口素质，改变人口结构，着眼人的全面发展。③促进人民生活质量的提高和妇女的进一步解放。④促进人口与经济、社会、资源、环境协调发展和可持续发展。

5. 第五阶段：21世纪以来

进入21世纪以来，党中央、国务院作出了《关于全面加强人口和计划生育工作统筹解决人口问题的决定》，明确提出我国人口和计划生育工作进入稳定低生育水平、统筹解决人口问题、促进人的全面发展的新阶段。对中国的计划生育政策又做出了一些调整。2013年12月23日，第十二届全国人大常委会第六次会议审议“国务院关于提请审议《关于调整完善生育政策的决议（草案）》”的议案。

国际社会也越来越关注人口问题，把人口与发展紧密联系起来，高度肯定了中国人口控制政策对全球人口发展的贡献。

三、我国进行人口控制的主要内容

进行人口控制，主要从人口的数量、密度、素质等基本人口属性入手。具体表现为以下几个方面：

1. 改变传统生育观，实行计划生育，控制人口增长

通过宣传、普及教育，从根本上改变中国传统的大家庭观念，以及对生男孩的性别偏好，从而使人们自觉地减少生育；从立法、宣传、设立组织、加强教育和训练的角度，坚决实行计划生育的国策，提倡晚婚、晚育、少生、优生、优育，减少人口出生率，达到有效控制人口增长的目的。

2. 有计划地迁移人口，做好管理工作，协调人口的地区分布

对已经超过资源环境承载力的地区，适当施行人口“倒流”或环境移民，把人口从资源贫乏、生态恶劣的地区迁到仍有一定资源环境潜力的地区。对于城市化现象，国家开展相应的管理工作，缓解大城市人口密度过大带来的各种问题，并积极发展中小规模城市，建设卫星城。从而有效地协调地区间人口分布的差异。

3. 提高社会的医疗卫生保障，提高人口的身体素质、减少疾病

提高社会的医疗卫生条件和医疗卫生福利水平，使人们具有较良好的营养状况和生存环境，有助于预防疾病和降低发病率，提高人们的健康水平，从而使人口的平均寿命有所增加。

4. 加强教育，提高人们的科学文化素质以及环境意识，正确引导人们的消费观念

我国已经全面启动“素质教育工程”，重点是提高全民的科学文化素质，特别是提高全民的创造力和创新能力。加强环境教育，提高人们的环境意识，使人们对环境及环境问题有正确的认识，引导人们形成正确的消费观，进而逐步形成一套低消耗的生产体系和适度的消费体系，提倡绿色消费，使人们的行为与环境和谐，这是解决环境问题的根本途径。

思考与行动

2013年12月28日，第十二届全国人大常委会第六次会议表决通过了《关于调整完善生育政策的决议》，一方是独生子女的夫妇可生育两个孩子的“单独两孩”政策依法启动实施。专家表示：“单独两孩”政策是调整完善计划生育政策，而不是放弃计划生育政策。自2014年2月21日起，北京正式启动“单独两孩”政策，成为继浙江、江西、安徽、天津之后中国第五个正式实施“单独两孩”政策的省份。但生还是不生，让不少符合条件的年轻父母感受到了“选择的烦恼”。

中国为什么要启动“单独两孩”政策？面对这项新政策，你怎么看？符合条件的父母们为何会“烦恼”，哪些因素会影响他们的选择？调查你身边的年轻父母，说说他们对于这项政策持有怎样的看法。

第七课　遵守环境法规 维护公共权益

1952年12月，一场灾难降临英国伦敦。浓重的有毒烟雾笼罩着伦敦上空，先是一群牛开始呼吸困难、伸长舌头、双目紧闭，甚至有一头牛当场死亡，其他牛严重中毒；这时人们也开始出现胸闷、喉痛和呕吐等症状，城内到处都是咳嗽声，伦敦各医院呼吸道疾病患者爆满，仅4天，死亡人数较往年同期增加了4 000人，之后两个月，又有8 000多人陆续丧生。

这一重大公害，引起了英国政府的极度重视，促使其于1956年颁布了世界首部《清洁空气法》，伦敦市逐渐恢复了清新的空气和优美的环境。随着世界重大公害事件的陆续发生，1972年，联合国通过了《人类环境宣言》，提出各国应当制定环境保护的政策、法律和标准的原则要求。

预习探究

（1）4～5人自由组成调查采访小组，并推选出每组的负责人、信息整理员、发言人。

（2）根据以下材料，查找有关环保政策信息和热点事件。

目标

- 通过资料分析和收集，了解环境保护立法的原因、背景，以及实施的现状；
- 通过查阅资料，了解目前有关环保相关热点事件和相应的处理依据；
- 通过调查采访，了解环境保护相关政策法规的实施与建设情况，提高环保意识。

（3）各组根据查阅的资料，调查采访所在社区或村庄的居民购车时选择的排量，及其选择理由。调查表（参考）如下：

是否有车	车子的排量（若要购买车子，你会选择多大排量（1.6L及以下排量，1.6L以上排量））	理由

（4）根据调查的结果，各组总结我国税收政策在环保领域的作用，未来又该如何强化，环境保护税立法的原因、背景，以及实施的现状，信息整理员整理信息。

（5）各组发言人发表各组调查结论，并在各组之间进行讨论。

北京的张师傅最近幸运地摇到了小客车购车指标，已经等了一年多的他本想买辆大排量的汽车，但去汽车专卖店了解完车船税政策后，他放弃了最初的念头，选择了一辆1.6 L排量的普通轿车。

张师傅购车

"买了大排量汽车，多耗油不说，以后每年还要多交2 000多元的车船税，不划算。"张师傅说，像北京市区的道路，平时上下班很拥挤，大排量车发挥不了作用，还是小排量车好，经济又环保。

为鼓励使用小排量汽车，减少废气排放，我国先后在2009年、2010年对1.6L及以下排量乘用车减征车辆购置税。在2012年实施的《车船税法》中，又对占汽车总量72%左右的乘用车，确定了按排气量大小分7档税额征收车船税，最大排量乘用车的税额是最小排量的9倍。

参与与展示

活动一：案例分析

（1）阅读下述案例，回答为什么白银市的村民会多次反映问题？对于每次污染，政府都采取了相应措施，却为何仍不能有效阻止石膏粉厂的污染行为呢？你有更好的建议吗？

白银市石膏粉厂污染

案例1

2010年9月至2012年2月，白银市景泰县寺滩乡寺滩村村民多次在网上投诉举报，称该村的几家石膏粉厂常年排放未经处理、燃烧不充分的煤烟，粉尘污染非常严重，影响了村民们的正常生活。尽管当地环保部门介入调查，但石膏粉厂至今仍在生产，环境受到污染，村民苦不堪言，难道石膏粉厂“吐黑扬白”就管不住？

景泰县环保局在2010年10月14日针对村民们的第一次反映作出回复：对景泰县境内除尘设施运转不正常的三家企业进行了处罚，并限期整改，加强了日常监管。

2011年4月7日，景泰县环保局对村民们的第二次反映作出回复：经查，村民网上反映的情况属实，针对鑫海石膏制品厂存在的问题，在2010年，景泰县环境保护局多次责令该企业限期搬迁，但该企业经营状况不甚良好，无力落实搬迁计划。鉴于此种情况，景泰县环境保护局已下发停产整改通知书，并上报政府予以关停。

石膏粉厂污染

2012年2月24日，在收到网上留言后，环境监察执法人员对寺滩乡境内10家石膏粉企业进行了再次排查，发现个别企业存在超标排放现象。对此，景泰县环保局对不能达标排放的景泰县东兴石膏制品厂实行停产整改，进行限期治理；对景泰县鑫海石膏粉厂污染问题，已督促该企业按计划限期搬迁。

（2）阅读下面资料，你觉得谁会赢得诉讼？为什么？你身边有类似的现象发生吗？若有，你会怎么做？

检察官追讨阳光权

案例2

在与江苏某检察院49名检察干警所住的楼紧紧相邻的位置上，盖起了三栋高楼。其中一栋楼高达18层，且与另一栋之间没有通风道，使检察官们的住宅楼采光通风大受影响，居住环境明显不如从前。而新楼开发商却得到

还我阳光权

了市规划局核发的建筑工程许可证。检察官们一致认为，南京市规划局核发工程规划许可证的行为，违反了我国城市规划法律法规和《民法》的有关规定，因此将市规划局告上了法院。

活动二：热点环境事件发布会

根据预习阶段准备好的发言稿，各小组发言人发言，与全班分享本组讨论的热点环境事件并进行小组间讨论。最后，可对大家都感兴趣的问题或较具争议的事件，展开全班讨论。

倒垃圾吃官司　是否小题大做

2013年3月1日，深圳市人大颁布国内首部文明行为促进的法规《深圳经济特区文明行为促进条例》，对乱扔垃圾、随地吐痰等十大不文明行为作出高额罚款规定。同年6月，东门步行街启动“垃圾不落地，东门更美丽”主题活动，依据该条例率先对乱丢垃圾实行处罚。东门垃圾运送量从原来的日均6t，下降为现在的0.3t。

近日，深圳市某区人民法院下发裁定书，某步行街两名店主因往店外扫垃圾且拒不受罚，法院执行局依法对其进行强制执行。这是该条例颁布实施以来深圳首宗与文明行为有关的强制执行案件，也是全国罕见的因“乱倒垃圾”不文明行为吃官司的案例。

习得与领会

一、我国的环境保护法律体系

我国环境保护法律是专指由全国人民代表大会及其常务委员会制定的，调整因保护和改善生活环境和生态环境，防治污染和其他公害而产生的各种社会关系的法律规范总称。

我国的环境保护法，目前已初步形成体系。分述如下：

1. 环境保护的综合法律法规

（1）宪法：《中华人民共和国宪法》是我国的基本大法，它为制定环境保护基本法和专项法奠定了基础。

《宪法》第5条规定：“一切国家机关和武装力量、各政党和各社会团体、各企业事业组织都必须遵守宪法和法律。一切违反宪法和法律的行为，必须予以追究。”《宪法》中的这些规定，是我国环境保护法的法律依据和指导原则。

法律体系

（2）刑法：《刑法》第六章“妨害社会管理秩序罪”中第六节“破坏环境保护罪”规定了对各种违反国家规定，造成污染后果、致使公司财产遭受重大损失或者人身伤亡的严重后果的犯罪行为的处罚。

（3）民法：主要规定了各种破坏环境行为引起的民事责任。

（4）其他法律法规：主要有《中华人民共和国治安管理处罚条例》《环境保护行政处罚办法》等等。

2. 环境保护基本法

环境保护基本法指《中华人民共和国环境保护法》，它是环境保护领域的基本法律，是环境保护专项法的基本依据，它是由全国人大常务委员会批准颁布的。2014年4月25日，《中华人民共和国环境保护法》（以下简称《环保法》）修订案通过并公布，规定自2015年1月1日起施行。

新《环保法》的亮点：三突破

突破一：推动建立符合环境承载能力的绿色发展模式

新《环保法》要求建立资源环境承载能力监测预警机制，实行环保目标责任制和考核评价制度，制定经济政策应充分考虑对环境的影响，对未完成环境质量目标的地区实行环评限批，分阶段、有步骤地改善环境质量等。

突破二：推动多元共治的现代环境治理体系

新《环保法》规定了有关各级政府对环境质量负责，企业承担主体责任，公民进行违法举报，社会组织依法参与，新闻媒体进行舆论监督的权利与义务。

突破三：加重了行政监管部门的责任

环保监管职权是一把“双刃剑”。新《环保法》一方面授予各级政府、环保部门许多新的监管权力；另一方面，它也规定了对环保部门自身的严厉行政问责措施。

3. 环境保护专项法

环境保护专项法是针对特定的污染防治领域和特定的资源保护对象而制定的单项法律。目前已颁布了《大气污染防治法》《水污染防治法》《固体废物污染环境防治法》《海洋环境保护法》《环境噪声污染防治法》，这些都是由全国人大常务委员会批准颁布的。

4. 环境保护资源法和相关法

自然资源是人类赖以生存发展的条件，为了合理地开发、利用和保护自然资源，特制定了《森林法》《煤炭法》《矿产资源法》《渔业法》《土地管理法》《水土保持法》和《野生动物保护法》等多部环境保护资源法；相关法指《城市规划法》《文物保护法》《卫生防疫法》等与环境保护工作密切相关的法律。

5. 环境保护行政法规

由国务院组织制定并批准公布的，为实施环境保护法律或规范环境监督管理而颁布的“条例”“实施细则”，如《水污染防治法实施细则》《建设项目环境保护管理条例》等。

6. 环境保护部门规章

由国务院有关部门为加强环境保护工作而颁布的环境保护规范性文件，如环保部颁布的《国家有机食品生产基地考核管理规定》《国家生态建设示范园区管理规程》等。

7. 环境保护地方性法规和地方政府规章

有立法权的地方权力机关——人民代表大会及其常务委员会和地方政府制定的环境保护规范性文件，是对国家环境保护法律、法规的补充和完善，它以解决本地区某一特定的环境问题为目标，具有较强的针对性和可操作性。例如，2009年修订的《宁夏回族自治区环境保护条例》是我国第一个地方性环境保护法规；2013年通过的《珠海经济特区生态文明建设促进条例》是我国首部生态文明地方建设性法规。

8. 环境标准

环境标准是我国环境法规体系中的一个重要组成部分，也是环境法制管理的基础和重要依据。环境标准主要包括环境质量标准、污染物排放标准、基础标准、方法标准等，其中环境质量标准和污染物排放标准为强制性标准。

9. 国际环境保护公约

《国际环境保护公约》是中国政府为保护全球环境而签订的国际条约和议定书，是中国承担全球环保义务的承诺，根据《环境保护法》的规定，国内环保法律与国际条约有不同规定时，应优先采用国际条约的规定（除我国保留条件的条款外），如《国际油污损害民事责任公约》《生物多样性公约》《防治荒漠化公约》等。

10. 其他要求

其他要求指的是：产业实施规范，与政府机构的协定，非法规性指南，污染物控制总量要求，国家关于重点治理“三河”“三湖”和“二控区”、城市综合整治定量的考核要求，以及旅游度假区、风景区、名胜古迹、文物保护区的要求等。

二、我国环境法的适用领域

环境法适用于中华人民共和国领域和中华人民共和国管辖内的其他海域。保护对象包括大气、水、海洋、土地、矿藏、森林、草原、野生动物、自然遗迹、人文遗迹、自然保护区、风景名胜区、城市和乡村等。

三、我国环境法的基本原则

第一，经济建设与环境保护协调发展的原则。经济建设和环境保护必须全面规划、同时进行、协调发展，二者目的是一致的，都是为了保证经济、社会的持续稳定发展。因此，以牺牲环境为代价的经济发展和停止经济发展不消费的环境保护都是错误的。

第二，预防为主、防治结合、综合治理的原则。要以预防为主，因为环境污染或生态破坏一旦发生，往往很难恢复。防治结合，是指同时要对已污染的环境积极展开治理。综合治理旨在提高环境治理的效果。要达到这一原则，必须做到：全面规划、合理布局；制定和实施具有预防性的环境管理制度；开展资源、能源的综合利用。

第三，开发者保护、污染者治理的原则。开发者、利用者不仅有依法开发自然资源的权利，也负有恢复、整治、保护环境和自然资源的义务和责任。同时，对环境造成污染的单位或个人，有责任对污染源及被污染环境进行治理，并承担治理费用。

第四，公众参与原则。《中华人民共和国环境保护法》第六条规定，“一切单位和个人都有保护环境的义务，并有权对污染和破坏环境的单位和个人进行检举和控告。”公民有义务和责任参与、支持和监督法律的执行，只有这样我们的法律才具有强大的生命力，我们的环境才能得到切实彻底的保护。

第五，政府对环境质量负责的原则。地方各级人民政府对本辖区环境质量负有最高的行政管理职责，有责任采取有效措施，改善环境质量，以保障公民人身权利及国家、集体和个人的财产不受环境污染和破坏的损害。2014年修订的《中华人民共和国环境保护法》明确规定了“篡改、伪造或者指使篡改、伪造监测数据的”“应当依法公开环境信息而未公开的”等8种违法行为，造成严重后果的，地方各级人民政府、县级以上人民政府环境保护主管部门和其他负有环境保护监督管理职责部门的主要负责人应当引咎辞职。

思考与行动

损害生态环境将被终身追责
——珠海出台全国首部生态文明地方建设性法规

广东省珠海市第八届人民代表大会常务委员会第十六次会议近日通过了《珠海经济特区生态文明建设促进条例》，将于2014年3月1日起施行。十八届三中全会关于“自然资源资产统一确权登记”“对领导干部实施自然资源离任审计”“建立生态环境损害责任终身追究制”的要求，首次在该条例中作出相关规定。该条例既体现了制度创新的探索意识，同时也结合实际突出了珠海特色：一是积极探索建立排放削减信用制度的相关内容；二是积极确保珠海市在生态文明建设中的重大决策和重大建设项目更加科学；三是明确建立重大项目生态影响预评估制度。

为什么要在环境立法中做出“损害生态环境将被终身追责”的规定？你如何理解？在未来的生活中面对破坏生态环境行为时，你会如何做呢？

第八课　绿色生活方式

美国学者加尔布雷斯在其著作《富裕社会》中提出了一个理性的“生活质量”指标：“人的生活舒适、便利的程度，精神上所得到的享乐与乐趣”，“足够就可以了，不必最多、最大、最好。”没有理性的节制，欲望会变成脱缰的野马，“足够”会变成无度。

我们应该重新审视享乐主义，既为自己，也为世界的未来，为子孙后代主动地批判、放弃、改正一些行为，以绿色文化指导我们的生活，积极提倡、践行合理的绿色生活方式。

预习探究

（1）全班学生自由组合，分成5个任务组，各组选出负责人和记录整理员。

（2）每个任务组在绿色生活方式包含的5个“R”中选择一点。各组协商，不要选择重复。

目标

- 认识绿色生活方式，了解日常生活中的行为与环境保护的关系；
- 了解绿色生活方式将会产生怎样的环保效果，学会在日常生活中保护环境；
- 培养在实际生活中发现问题、解决问题的能力，并增强社会责任感和解决环境问题的能力。

（3）各小组成员针对所选内容，尽可能多地提出在生活中可操作的实际行动，以及这些行动带来的环保效果。

（4）讨论整理各成员提出的行动建议。

（5）将整理结果按“环保效果”和“我的实际行动”两类分别在纸上列出。

公共自行车租车点

参与与展示

活动一：制定“绿色生活方式行动指南”

（1）各组将整理结果宣读并展示给全班。

（2）全班对各组的成果进行讨论，补充并发表不同意见。

（3）在教师协调下，综合小组讨论结果和全班同学意见建议，按照5个“R”制定出“绿色生活方式行动指南”。

“绿色生活方式行动指南”参考

5R	环保效果	我的实际行动
Reduce（节约资源，减少污染）	防止全球变暖；减少酸雨；减少大气中的致癌物……	控制汽车的使用频率，多使用清洁型交通工具，如自行车；使用无氟冰箱、无氟空调……
Re-evaluate（绿色消费，环保选购）		
Reuse（重复使用，多次利用）		
Recycle（垃圾分类，循环回收）		
Rescue Wildlife（救助物种，保护自然）		

活动二："一家一年一万升"，你能做到吗？

在日常生活中，我们能为"清洁节水中国行　一家一年一万升"活动作出怎样的贡献？除了节约用水，我们还能从哪些方面入手，做到绿色生活？

我国启动节水系列活动倡导绿色生活

在"3·22世界水日"即将到来之际，环保部宣教中心在京启动"清洁节水中国行　一家一年一万升"全国宣传活动，旨在提高和促进公众节水意识和节水行动，倡导全社会在节水方面的参与合作。

"滴水成林"

我国当前水资源匮乏，水资源供需矛盾突出，水资源利用方式较为粗放，许多地方水资源过度开发。随着工业化、城市化的深入发展，我国水资源面临的形势将更为严峻。

北京青年环境友好使者代表在启动仪式上发出节水倡议，表达了作为青年人对水资源保护与合理利用的责任与决心，并呼吁每个家庭每天节水30L，每月节水1 000L，一家一年节水1万L。活动现场设立了节水知识展板、世界各地节水见闻、家庭节水演示、国际儿童环保绘画比赛作品展示，以及公众参与区域，将图片、实物展示与节水绘画创作、节水互动游戏相结合，生动有趣，20多名北京青年环境友好使者在现场进行讲解。丰富的节水知识、奇特的节水趣闻、有趣的节水游戏、精彩的节水绘画，让众多参观市民仿佛置身一片水的世界，畅游于知识的海洋。更重要的是，这将唤起更多的家庭行动起来，用"节水"的方式建设环境友好和资源节约的绿色生活。

据了解，此次"清洁节水中国行　一家一年一万升"全国宣传活动在北京启动并将持续两天，之后将在3月下旬和4月初分别在上海和成都举行。

活动三：课堂辩论赛：自行车能否再成潮流

目的：

（1）了解自行车的历史和发展趋势，深入理解绿色生活方式的发展前景。

（2）通过该活动，提高学生生活实际中的环保意识和环保能力。

正方：自行车能再度成为潮流

反方：自行车不能再度成为潮流

单车绿道

在父辈们的记忆中，中国是“自行车大国”。许多城市中，每逢上下班时段都曾有过浩浩荡荡的自行车车流。然而，随着城市空间的扩大，工作节奏的加快，活动范围的拓宽，加上生活水平的改善，骑自行车上下班、出行游玩，变得既不实际也不时尚。但很多人心底，依然留有“自行车情结”，渴望“自行车文化”背后的生活态度。在调查中，有人认为如今生活节奏越来越快，我们应该慢下来欣赏路边风景；有人希望我们在“怀旧”中重塑新观念；有人感叹“寻不回梦里的骑车环境”；有人感慨“被挤占的车道，被挤占的心”；也有人强调“抛开不必要的‘面子’”。

习得与领会

一、倡导绿色生活方式

人类既是环境灾难的制造者，也是环境灾难的受害者，更是环境灾难的治理者。我们每个人都可以通过选择绿色的生活方式来参与环保：节约资源，减少污染；绿色消费，环保选购；重复使用，多次利用；垃圾分类，循环回收；救助物种，保护自然。

绿色生活是21世纪的信息，它引导着企业界去发展绿色技术和清洁生产；绿色生活是21世纪的要求，它鼓励政治家去承担人类可持续发展的责任；绿色生活是21世纪的时尚，它体现着一个人的文明与素养，也标志着一个民族的素质和力量。

让我们首先爱护这个民族赖以生存的根基，让我们从一点一滴的环保行为做起。

谁说你不能拯救地球！

二、做一名绿色消费者

人类进入21世纪时，面临着由于环境污染和资源浩劫所造成的生存危机。我们意识到对环境不负责任的生活方式是造成生态环境恶化的根源，愿意选择对健康有益的、与环境友好的绿色消费方式。

绿色消费是一种权益，它保障后代人的生存和当代人的安全与健康；

绿色消费是一种义务，它提醒我们：环保是每个消费者的责任；

绿色消费是一种良知，它表达了我们对地球母亲的孝爱之心和对万物生灵的博爱之怀；

绿色消费是一种时尚，它体现着消费者的文明与素养，也标志着高品质的生活质量。

作为绿色消费者，我们每个人都是市场上的绿色选民。让我们把手中的钞票变成绿色选票，选择可持续的消费模式，选择绿色的生活方式，从而推动发展我国的绿色技术和绿色经济。

为了健康，选择绿色；为了健康，保护绿色。

你我携手，创造一个绿色的世纪!

三、享乐主义危害人类环境

人类社会生活的现实状况是奢侈与贫穷同时存在。粗略地说，大约1/4的人生活富裕，大约1/4的人生活在贫困状态，一半人口处于中间状态。西方工业国家不满足现状，富裕了还要更富裕，享乐主义成为社会主流。次发达国家和发展中国家中的一部分已成为富裕人群的人们，也正奋力追赶西方消费潮流，成为新的享乐主义者。同时，数以亿计的贫困人口，主要分布于内战、动乱不断的国家，少量分布在发展中国家。

人类谋求更好的生活是天经地义的事，但我们必须区别正当享受与“享乐主义”。

地球是全人类的共用地，各种自然资源中虽然有一些是无限的，但某些重要成分还是有限的。当这些有限的资源被消耗完的时候，悲剧就来了。

20世纪末的现实已经让人们看到了人类生存环境的恶化趋势，大量证据证明地球生态系统平衡正在惨遭破坏，大量物种消失的趋势还在加剧，森林覆盖面积在进一步减少，各种环境污染还在继续增加……可悲的是这样一个事实：具有最高智慧和技能的人类，恰恰是毁灭人类自己生存环境的“凶手”，而人类毁灭自己的手段之一就是享乐主义。

享乐主义的要害有两条：第一是浪费——无理性地过度消费；第二是极度自私，仅仅为了自己，为了今天的享乐，不考虑子孙后代将来怎样生活。

德国《时代》周刊1999年7月22日刊登了《享乐主义者造成的负担》，文章指出：“一个预期寿命为80岁的普通美国人在目前消费水平下，一生要消费约2×10^8L淡水、2×10^7L汽油、1×10^4t钢材和1 000棵树的木材。”按这种状况推理的结论是：“如果所有人都这样生活和生产，那么我们所需要的原料和排放的有害物质，至少还要20个地球。”

工厂区的“烟囱”

思考与行动

绿色生活方式主要是以绿色消费、绿色出行、绿色居住等理念和行动为主要表现形式，在我们的日常生活当中从不同的方面和角度体现出来。

粮食浪费真不少

“一个空盘，一碗剩下将近一两的米饭，又两个空盘，一盘剩余了一半的菜……”3月27日下午5点20分到5点40分共20分钟内，某学校食堂的残食台共有约220名学生将餐盘送回，其中有60多名学生餐盘中有明显剩余。

2014年3月18日，随着《关于厉行节约 反对食品浪费的意见》的发布，“粮食浪费”再度成为人们热议的话题，学校食堂的粮食浪费现象尤其受到关注。一年前，许多学校曾是热热闹闹的“光盘行动”的积极响应者，如今是否仍能坚持做到这一点？

扭曲的价值观

2012年，为买“苹果”手机和iPad2，一位17岁高中生在网上黑中介的安排下，卖掉了自己的一个肾。为了一台时髦的“苹果”手机，孩子选择去卖肾。“苹果”手机是生活必需品吗？当然不是。正是孩子的欲望无限膨胀才导致了这起极端事件的发生。说到底，可能更多的是爱面子、虚荣心在作祟。

你身边是否有奢侈、浪费的现象？你在日常生活中是如何做的？如何培养理性的消费理念和正确的价值观？

第九课　保护环境　人人有责

地球是人类共同生活的星球，是一个“大家庭”，空气、水、动物、植物等等，共同构成了一个平衡的生态环境。如果缺少了其中的任何一个部分，这个平衡就会被打破。然而今天各种公害和环境污染却越来越严重，追根究底，皆是许多人太注重追求个人利益，而忽略了对环境保护的认识。

我们都是这个“大家庭”里的成员，为了维护这个生态环境的平衡，我们需要从现在开始，保护环境，保护好自己的家园。世界是我们的，明天也是我们的。

预习探究

目标

- 通过调查，了解社区的环境现状；
- 初步了解要编制地区环境规划需要得到哪些考察数据和信息；
- 通过小组调查，培养团队合作意识和探究能力及人际交往能力。

方法：

（1）首先确定要进行调查的社区。

（2）按照自愿原则，将全班分为4个任务组，选出各组负责人、资料统计员和报告人，且每组分别选择调查社区的社会经济状况、污染源状况、生态环境质量状况、环境破坏原因中的某一方面内容。

（3）根据选择的调查内容，搜集并确定各组相关内容的判断依据。

（4）各小组按照所选任务，对社区展开调查。

（5）各小组整理调查结果并讨论。

内容：

调查组进行调查

（1）社会经济调查组：调查社区的范围、面积、人口、家庭数、人均住房面积、商业网点、学校、工厂企业、名胜古迹等。

（2）污染源调查组：调查社区水污染源、大气污染源、噪声污染源、人均绿地面积等。

（3）生态环境质量调查组：调查大气环境状况、供水量和水质状况、噪声污染状况、固体废物数量及处理方式、生活垃圾堆放状况等。

（4）环境破坏原因调查组：调查社区规划布局是否合理、基础设施是否完善、绿地配置或结构是否合理、污染物处理是否达标、管理措施是否到位等。

参与与展示

活动一：为社区环境规划提建议

根据“预习探究”所收集的资料，由各组报告员对调查结果进行汇报，最后将所有结果进行汇总，形成完整的社区基本环境状况调查报告。

学生对调查结果进行讨论，分析造成社区环境现状的原因，并提出改进措施。

（1）社区内存在的主要环境问题是什么？

（2）产生上述环境问题的原因是什么？

（3）可以采取怎样的措施提高社区的环境质量？

（4）居民应该在提高社区环境质量的行动中扮演怎样的角色？

我们共有一个家，名字叫地球

2014年4月22日是第45个世界地球日。这个起源于美国校园的环保活动纪念日，历时45年，已经从纪念日活动发展到纪念周活动，吸引着全球数亿人参与，汇集着来自世界各地的力量，共同推动着关爱地球的理念和行动。

从旧金山到圣胡安，从北京到布鲁塞尔，从莫斯科到马拉喀什；从政府机构到社会团体、企业单位，从城市力量到个人创意。全球190多个国家的10亿多人以各自不同的方式宣传和实践着环境保护的理念，用积极的行动表达着对地球家园的关爱。

第45个世界地球日

活动二：自测·统计

（1）老师给每个学生发放“自测·统计表”（下附），并说明填写方法：按个人真实情况，进行填写。

（2）同学们对填写结果进行统计，同时互相讨论、表达各自观点。

自测·统计表

下列12项内容，都是平时我们毫不费力就可以做到的事情，但却可以默默地为我们生态环境的改善作出贡献。想一想，下面的内容有哪些是你生活中做到的（一定要实事求是）？按照你做到的程度，把1～12的编号顺序填入括号内。

（ ）在学校自带杯子打水，尽量不买方便饮料

（ ）少吃口香糖

（ ）在洗脸刷牙过程中将水龙头关掉以节水

（ ）将旧物捐给贫困者

（ ）出行尽量步行、骑单车或乘坐公共汽车

（ ）双面使用纸张

（ ）扔垃圾时注意区分投放可回收箱和不可回收箱

（ ）节约粮食，不浪费

（ ）拒绝接受多余的塑料袋、包装

（ ）不虐待动物

（ ）不将废物随手丢在山野河湖中

（ ）尽量使用充电电池

习得与领会

一、环境保护的主要内容

（1）防止由生产和生活活动引起的环境污染、化学污染，包括防治工业生产排放的“三废”（废水、废气、废渣）、放射性物质以及产生的噪声、振动、恶臭和电磁微波辐射，交通运输活动产生的有害气体、液体、噪声，海上船舶运输排出的污染物，工农业生产和人民生活使用的有毒有害化学品，城镇生活排放的烟尘、污水和垃圾等。

废气污染

（2）防止由建设和开发活动引起的环境破坏，包括防止由大型水利工程、公路干线、大型港口码头、机场和大型工业项目等工程建设对环境造成的污染和破坏，农垦和围湖造田活动、海上油田、海岸带和沼泽地的开发、森林和矿产资源的开发对环境的破坏和影响，新工业区、新城镇的设置和建设等对环境的破坏和污染。

大熊猫

（3）保护有特殊价值的自然环境，包括对珍稀物种及其生活环境、特殊的自然发展史遗迹、地质现象、地貌景观等提供有效的保护。另外，控制人口的增长和分布、合理配置生产力等也都属于环境保护的内容。

（4）在全球范围内都不同程度地出现了环境污染问题，具有全球影响的方面有大气环境污染、海洋污染、城市环境问题等。随着经济和贸易的全球化，环境污染也日益呈现国际化趋势，危险废物越境转移问题就是这方面的突出表现。

二、保护环境，人人有责

环境是人类生存的基础，越来越多的事实证明环境的恶化给人类的生活带来严重的灾难。如何保护环境，实现社会的可持续发展，是地球上每一个人都必须认真考虑的问题，作为21世纪的地球公民，我们有责任共同努力，为我们的子孙后代留下一个美好的世界。

目前我国环境保护主要由政府制定政策、非政府组织和个人参与实施开展，同时也会有相互的合作。从创建绿色机关、绿色学校、绿色餐厅、绿色社区，到实施绿色建筑、绿色家具、绿色生活，从大处到小处都体现出环境保护的思想理念，作为地球公民我们应该加入到相应的绿色实践中，贡献我们的每一份力量。

2 岁宝宝摔倒后仍爬着丢垃圾

青少年在环保事业中能够发挥重大作用。广大的中学生除了接受环保知识和技能外，也是从事环境保护行动的积极参与者，是环境保护的重要力量。

进行环保课外科研活动，促进环保事业。积极参加环保科研活动，既可以为社会的环境保护事业作出贡献，也可增强自己参与环境保护的信心。为政府制定与实施环境保护政策献计献策；促进公众对环境保护问题的思考、理解、探索；及时向有关部门反映我们身边的环境问题，加快问题的解决。

开展丰富多彩的环境保护宣传教育活动。中学生不仅可以提高自身素质，掌握更多环保知识和技能，同时更能影响公众的环境意识，让更多的人关心环境、爱护环境、保护环境。

思考与行动

保护环境，人人有责，不只是一句环保口号，更是一种在生活中保护环境的态度和行为导向。

右表是环境保护可做的小事（仅供参考），从中选出三件付诸实践，并持续100天，便会成为你的自觉行为。

环保——“小事”不小

环保——“小事”不小
1. 使用布袋
2. 一水多用
3. 双面使用纸张
4. 倡步行，骑单车
5. 尽量乘坐公共汽车
6. 拒绝使用一次性用品
7. 选用大瓶、大袋装食品
8. 不要过分追求穿着的时尚
9. 关注新闻媒体有关环保的报道
10. 不恫吓、投喂公共饲养区的动物
……